票据研究

PIAOJU YANJIU

（2024年第1辑　总第88辑）

中国现代金融学会票据专业委员会
中 国 工 商 银 行 票 据 营 业 部
中国银行业协会票据专业委员会

中国金融出版社

责任编辑：张婷婷
责任校对：李俊英
责任印制：丁淮宾

图书在版编目（CIP）数据

票据研究．2024年．第1辑：总第88辑／中国现代金融学会票据专业委员会，中国工商银行票据营业部，中国银行业协会票据专业委员会编．—北京：中国金融出版社，2024.4

ISBN 978-7-5220-2294-9

Ⅰ．①票… Ⅱ．①中… ②中… ③中… Ⅲ．①票据市场—中国—文集 Ⅳ．①F832.5-53

中国国家版本馆CIP数据核字（2024）第057336号

票据研究．2024年第1辑 总第88辑
PIAOJU YANJIU. 2024 NIAN DI-1 JI ZONG DI-88 JI

出版
发行 中国金融出版社

社址 北京市丰台区益泽路2号
市场开发部 （010）66024766，63805472，63439533（传真）
网上书店 www.cfph.cn
（010）66024766，63372837（传真）
读者服务部 （010）66070833，62568380
邮编 100071
经销 新华书店
印刷 河北松源印刷有限公司
尺寸 175毫米×250毫米
印张 7.75
字数 202千
版次 2024年4月第1版
印次 2024年4月第1次印刷
定价 25.00元
ISBN 978-7-5220-2294-9

票据研究

PIAOJU YANJIU

目录
Contents

2024 第1辑 总第88辑

前瞻·专业·时效·权威

特稿

建设金融强国，发挥票据服务科技、绿色、普惠、养老、数字金融五篇大文章的研究
肖小和 谈铭斐 熊星宇 谢玉林 1

业务研究

商业银行票据市场利率形成机制研究 李 唯 王启尧 方雄平 14

试析金融机构票据资金业务——从票据回购实务视角出发
韩晓燕 黄家驹 胡景一 35

新能源汽车行业商业汇票业务拓展探究 宋珍珍 48

市场分析

2023年票据市场运行情况回顾与2024年市场展望
中国工商银行票据营业部管理信息部 55

工作探讨

商业银行票据业务屡查屡犯问题分类治理研究 张雨林 68

票据融资服务实体经济发展研究 胡 阳 76

金融科技助力数字票据转型 赵 琨 89

绿色金融大文章下绿色票据发展探析 李成青 李沛园 肖师宁 94

法律探微

商业保理项下商业汇票债权凭证的法律效力研究 赵慈拉 102

建设金融强国，发挥票据服务科技、绿色、普惠、养老、数字金融五篇大文章的研究

■ 肖小和　谈铭斐　熊星宇　谢玉林[1]

摘　要：建设金融强国是我国重要的发展战略，发展科技、绿色、普惠、养老、数字金融是建设金融强国的重要内容和方向。票据因其自身的业务特性，在服务“五篇大文章”方面具有独特的优势和作用。积极探索科技在票据业务创新中应用，发展绿色票据推动低碳经济，做好票据服务中小微企业，切实推动普惠金融发展，大力推进数字票据服务实体，助推数字金融发展。

关键词：金融强国；票据；“五篇大文章”

一、金融强国建设就要做好“五篇大文章”

2023年10月30日至31日，中央金融工作会议在北京举行，重磅分析了金融高质量发展面临的形势，部署当前和今后一个时期的金融工作。会议首次提出“金融强国”的概念，强调金融是国民经济的血脉，是国家核心竞争力的重要组成部分，要加快建设金融强国。

[1] 作者简介：肖小和，江西财经大学九银票据研究院执行院长；谈铭斐、熊星宇，现供职于赣州银行资金营运中心；谢玉林，江西财经大学票据研究方向硕士。

“金融强国”的概念应当包括内外两个维度，即对内拥有资源配置功能完善、高度发展的金融市场和金融体系，能够为实体经济提供强有力的支撑，同时有效防范金融风险和危机，维护金融稳定和安全；对外在国际金融领域具有较高的地位和影响力，能够参与国际金融规则和标准的制订，具有较强的国际竞争力和影响力，能够在全球范围内拓展金融业务和市场份额。

“金融强国”的提出，不仅是从一国决策视角重新审视金融发展与国家政治之间的紧密关系，更是从理论角度为当代金融学的研究创新、价值理念提升提供新的指引，有利于推动金融业切实履行其服务实体经济的功能，支持科技创新，支持“一带一路”，支持产业政策，实现金融资源真正集聚到高质量发展的战略方向、重点领域和薄弱环节上来，不断满足经济社会发展和人民群众金融服务需求；有利于构建中国特色的现代金融体系，即科学稳健的金融调控体系、合理的金融市场体系、分工协作的金融机构体系、完备有效的金融监管体系、多样化专业性的金融产品和服务体系、自主可控安全高效的金融基础设施体系六大部分。

（一）建设金融强国做好“五篇大文章”的必要性

一是我国加快构建以实体经济为支撑的现代化产业体系的现实需求。从国内看，产业发展中仍然存在不平衡、不充分问题，需要加快构建符合高质量发展要求和满足人民日益增长的美好生活需要的现代化产业体系。为改善产业体系结构性失衡、产业创新驱动力不强、产能利用率总体偏低、资源与生态约束严峻等问题，需要贯彻创新、协调、绿色、开放、共享的新发展理念，发挥我国资源禀赋、市场空间、产业体系配套能力等方面的比较优势，持续推进产业结构的优化升级，积蓄新的发展动能。同时，房地产、基础设施建设等传统增长动能也需要转变发展模式，探索高质量、可持续发展道路。从国际看，在全球产业结构和布局深度调整的大背景下，抓住新一轮科技革命和产业变革机遇、建设现代化产业体系成为我国提升国际竞争力、实现战略突围的关键。国际产业分工进一步沿着区域化、本土化、分散化的趋势演进，既往形成的产业链、供应链面临阻断风险。我国亟须畅通产业链、供应链各个循环节点，加强科技创新和技术攻关，提升自主创新能力，促进产业链、供应链的整体优化升级。

二是现代化产业体系发展的必然要求。我国产业体系逐步走向科技化、绿色化、数字化和融合化发展道路。制造业企业内部不断使用科技手段，促进产业结构迭代升级和重大技术难题攻关；农业产业的科技化是逐步实现规模化、机械化和信息化生产；服务业的科技化体现在生活性服务业的服务精细化和品质化，以及生产性服务业的专业化和价值链高端延伸。

（二）票据要助力服务“五篇大文章”

票据是金融的重要信用工具之一，是属于科技金融、绿色金融、普惠金融、养老金融、数字金融的特色产品之一。票据指出票人依照《中华人民共和国票据法》（以下简称《票据法》）签发的，由自己或者委托他人在见票时或在指定日期无条件支付确定金额给收款人或者持票人的有价证券，包括支票、本票和汇票。票据是集支付、结算、融资、投资、交易和调控于一体的信用工具，拥有支付结算的特点，企业签发票据进行承兑之后，可以通过背书实现票据权利的转让，票据到期时进行兑付。在企业急需资金时，将手中持有的票据向商业银行申请贴现，体现了票据融资的作用。贴现后的票据进入银行转贴现交易市场，受各大银行直贴现利率和资金成本的差异影响，转贴现市场上票据的利率变化起伏，存在一定的套利空间，商业银行在转贴现市场上买卖票据，体现了票据投资、融资和交易的特点。同时，票据再贴现是央行传统的货币政策调节工具之一，是央行向商业银行等金融机构投放资金的方式之一，可以引导市场利率和调节社会融资成本，促进经济结构调整和产业转型升级，此时票据发挥了调控的特点。

票据在服务“五篇大文章”中的作用有以下几个方面。第一，票据是服务科技金融的理想工具之一，其本身所具有的功能作用，能够很好地帮助科技企业的发展。具体而言，票据具有支付与融资等信用功能。在科技企业初创及成长阶段，可以通过引入担保机制，加强票据的使用，充分利用票据的短期融资功能，帮助企业走出融资难的困境。票据能够支持科技创新、创造、创业的发展。在科技企业使用票据解决初期融资问题时，它们就能够把更多的精力投入科技创新实践中，而不会因为资金不足，导致有发展前景的科技项目被搁置，无法实现成果转化。票据能够支持科技更新改造，指挥科技走产业化、专业化、应用化发展道路。

第二，发展绿色票据是发展绿色金融的组成部分。绿色金融包括绿色债券、绿色贷款、绿色资产证券化产品（绿色ABS）、绿色票据、绿色保险、绿色基金、绿色信托和绿色股权等。绿色票据作为绿色金融的组成部分，其发展势必会带动绿色金融的发展。要贯彻中央经济工作会议精神，做好绿色金融新篇章，离不开绿色票据。

第三，票据能够很好地服务普惠小微企业，促进普惠金融的发展。上海票据交易所（以下简称票交所）针对票据尤其是中小微企业票据流转与贴现效率的问题相继推出“票付通”和“贴现通”产品，根据供应链金融发展需要推出“供应链票据”产品。依托普惠金融供应链金融服务模式，供应链票据业务大有可为，供应链票据依托企业供应链，以核心企业为信用主体，推动应收账款票据化，缓解债务链条问题，有效缓解供应链条上小微企业的财务压力，同时，票据得天独厚的融资便利性以及较低的融资成本，能够有效缓解中小企业融资难、融资贵问题。2023年7月，票交所全面推广新一代票据业务系统，该系统实现了票据的等分化，进一步提升了票据支付结算的便利性，中小企业利用票据进行支付更加灵活。

第四，基于票据其自身特点，票据服务养老金融具有天然优势，能够推动养老金融的发展。由于养老产业融资周期长、回报低，市场风险较为突出，因此银行对养老产业信贷一般持较谨慎的态度，票据以其自带的支付属性、融资属性和便利性等特征，具备服务养老金融以及养老产业的优势。

第五，数字票据天然嵌入数字金融，可以促进数字金融发展。数字票据是数字金融的重要应用场景。从单个企业角度看，数字票据可以满足支付、融资、投资等多重业务需求，服务多重业务场景；从供应链、产业链角度看，数字票据可以打通链内资金流、信息流与物流，可以为链内核心企业及成员单位提供不同的金融服务，实现它们各自的金融需求，促进供应链、产业链更好地运行。数字票据可以促进数字金融发展。经过多年发展，票据市场业务规模较为庞大，是金融市场的重要分支。截至2023年12月末，票据承兑余额为18.6万亿元，票据贴现余额为13.3万亿元。大力推动数字票据发展可以有力支持数字金融发展，提升金融服务实体经济能力。数字票据可以为其他数字金融产品提供发展经验。票据市场是金融信息化应用承兑较高的领域，早在2017年票交所就实验性开展过数字票据业务，虽然业务数量与金额不大，但已成为最早尝试数字化的金融产品。未来，如果重启并大力发展数字票据，可以为其他金融产品探索数字化经验，进一步推动数字金融全面发展。

二、发挥票据功能，服务好“五篇大文章”

中央金融工作会议对“五篇大文章”高度重视，因此，如何做好这“五篇大文章”，将成为今后一段时期我国金融改革和发展的主要内容。作为金融的一个子系统，票据应当承担起相应的责任，理论与实践相结合，为加快推动服务“五篇大文章”的发展，作出其应有的贡献。

（一）票据发展顺应时代，推动打造科技金融文章

虽然金融业做了许多工作，据统计，截至2022年我国科技金融规模达数万亿元，2023年第三季度末，科技型中小企业获贷率达47%。但是，科技金融支持力度还是要继续加大。除了证券等资本市场，银行、保险、信托、资管等行业对科技的创新实践发展，在理念、模式、体制、机制、产品、服务、风险和管控等方面都要与时俱进，有新的变革，特别是“金融—科技—产业”的融合发展，有赖于金融深度与广度对新科技、新市场、新赛道、新业态的多维度、多方位、多元支持，三者之间才能良性互动。

一是要完善基础设施，建立票据服务科技金融中心。鼓励商业银行等金融机构建立科技金融中心，并与票据部门协同，持续完善组织架构、强化票据服务科技金融重点领域，针对本行“白名单”之内的科技企业适当提高授信额度，加大风险容忍度，对工作人员为科技企业办理票据业务给予绩效考评的政策倾斜。充分运用大数据等技术，在数据安全和客户授权的前提下，推动部门之间的科技企业数据信息共享，为票据支持科技金融发展营造适度宽松的环境。

二是要强化票据在先进科技行业中的作用，特别是在人工智能、区块链和大数据等领域，保证科技型企业的专业化程度，增强科技企业的核心竞争力。一方面，商业银行等金融机构要加强对于科技企业的信贷投放力度，细分科技行业市场，强化对于科技企业的研究与分析，为科技企业提供全链条、全生命周期的金融服务，助推科技强国建设。另一方面，中小型科技企业要大胆使用票据，在合规合法的情况下，主动向银行披露科研项目的进展情况，加强外部监督，提高企业信用水平，为下一步多渠道融资奠定坚实的基础。

三是要发挥票据服务科技咨询培训行业的作用。科技发明和科技成果有其专业性和高门槛性，相应从业人员需要一定的专业知识和专业素养。票据在服务科技金融的过程中，必然会涉及相关的专业领域，但不是所有票据从业人员都对科技企业有所涉猎。因此，需要拓展票据在科技咨询培训行业中的应用，加强与科技咨询培训行业的

合作与交流，实现科技领域的资源和信息共建共享，发挥票据服务科技咨询培训行业的作用，促进科技金融的发展。

四是要发挥票据支持服务“专精特新”企业的作用。目前，符合“专精特新”企业用于技术改造、产业结构升级的中长期贷款产品品种少，而社会融资的中介费、过桥费等费用高，再加上国有资本普遍只关注企业中后期项目，对于初期“专精特新”企业的扶植催长意愿和驱动力不足，导致“专精特新”企业的融资成本一直居高不下。票据贴现相对于企业原有的融资渠道而言，既能为“专精特新”企业提供融资渠道，又能降低企业融资成本，支持“专精特新”企业的发展。

五是要创新票据产品，发挥服务科技与产业融合作用。当前限制我国科技企业发展壮大的一个重要因素，就是科技成果转化低下的问题。一些科技成果能够改善生态环境，但是不能为企业带来盈利或者利润空间较小，极大地遏制了科技创新。要创新票据产品，将科技成果和产业相融合，提高科技成果的转化效率和市场化程度，激发企业创新创造的内生动力，促进科技金融发展。

六是要发挥供应链票据在服务科技更新改造与产业转型中的作用。供应链票据属于电子商业汇票，其出票、承兑、背书、质押、保证、提示付款和追索等业务，均适用票据法律关系，受《票据法》的保护。供应链票据具有可拆分的特点，能够实现票据的多级流转，解决科技上下游企业资金流转问题。同时，科技企业在进行科技更新改造与产业结构升级时，如果出现资金紧张，它们可将手中持有的供应链票据向商业银行申请贴现，以获得较低成本的融资，缓解资金流动性紧张的问题，而无须以更高的代价从其他渠道获得融资。

七是要防控票据在科技产业行业中的风险。由于科技型企业天然具有风险性高、周期性长、失败率高等特点，因此对票据在科技企业中的风险防范提出了更高的要求。第一，对监管机构而言，必须要有承担风险的准备，对票据支持科技金融发展可能产生的风险有充分的认识，将风险控制在合理范围内，做好风险防控工作。第二，对商业银行而言，要根据银行机构实际情况制订科技企业的授信政策，适当提高中小微科技企业的风险容忍度；加强票据从业人员对科技企业的跟踪和研究，防范道德风险；充分利用人工智能、大数据等技术对科技企业的信用风险进行评估。第三，对科技企业而言，要诚信经营，加强内部控制，防范操作风险，在银行工作人员审查时，主动披露相关信息，降低因信息不对称可能带来的风险。

（二）绿色票据促进低碳经济，实现绿色金融畅想

2020年9月，我国首次提出了“3060”双碳目标，绿色发展离不开绿色金融的支持，截至2023年12月末，我国绿色贷款本外币余额为30.08万亿元，境内绿色债券余额为1.98万亿元，分别居全球第一位、第二位。但是仍有大量工作要做，包括进一步丰富和完善绿色标准及评价体系、建设信息披露等制度、完善激励约束和评估机制、创新产品和服务、坚持整体思维、立足国情和技术实现等方面。

一是要转变发展理念。绿色票据是支持绿色经济发展的重要工具之一，与现有的绿色贷款、绿色债券并不冲突。企业要勇于使用绿色票据，通过签发绿色票据，能够有效地解决企业间的支付需求，并且在企业出现临时性的流动性资金需求时，可以将手中持有的绿色票据向银行申请贴现，以获得较低成本的融资。商业银行要深入贯彻国家发展理念，主动帮助绿色企业贴标，积极办理绿色票据贴现，更好地促进绿色票据的发展。

二是要明确绿色票据标准。目前制约绿色票据发展的因素之一，就是其标准界定的问题，这个问题不解决好，绿色票据就无法实现全面放心的发展。绿色票据标准明确之后，一方面，企业签发绿色票据就有了遵循的依据，明白需要达到何种条件才能签发绿色票据；另一方面，商业银行对绿色票据办理贴现业务时，减少了其对绿色票据的认定流程，再加上央行对绿色票据提供利率优惠，使商业银行为企业办理绿色票据贴现业务的积极性更高。

三是要完善基础设施，建立绿色票据平台。绿色票据的发展离不开其基础设施的建立和完善。要在当前票交所的基础上，由金融监管机构牵头，多部门联合构建绿色票据平台体系，加快建立银行间绿色票据综合服务平台，实现绿色票据信息、数据共享和不同银行对绿色票据的互认，提升绿色票据服务的精准性和便利性，破解绿色票据领域信息不对称问题，使绿色票据发展更健康、更规范。

四是要选择重点行业试点推进。基于绿色票据的发展现状考虑，绿色票据的发展不能一蹴而就，需要有一个循序渐进的过程。在实现绿色票据的全面发展之前，要选择在重点的行业先行试点，如新能源、环保等行业，结合当前该行业绿色票据的发展现状，建立第三方评估和认定体系，统一该行业的绿色票据标准。在该重点行业发展绿色票据的同时，注意经验总结，为今后在全市场推动绿色票据发展扫清障碍。

五是要发挥金融科技作用。金融科技有助于金融机构增强风险管理能力，进而提

升企业价值；有助于金融监管部门更加有效地实施风险监管、降低监管成本。绿色票据的发展需要发挥金融科技的作用，充分运用大数据、区块链、人工智能等科技手段，解决绿色票据的信息不对称问题，减少绿色票据的风险，激发绿色票据的发展活力。

六是要有政策、机制支持。首先，逐步完善绿色票据法律体系。根据经济发展实际和绿色票据发展现状，加快《票据法》修订进程，增加绿色票据的相关条款，确保绿色票据发展有法可依。其次，建立绿色票据政策扶持体系。通过政府引导基金、政府担保等方式，为绿色票据发展提供有力保障，对商业银行给予绿色票据业务风险资产计量、风险拨备、不良核销等方面的优惠政策。再次，加强顶层设计。监管部门制订绿色票据发展目标及其规划，统一绿色票据的认定标准。最后，完善绿色企业环境信息披露制度。绿色企业应主动披露环境信息，便于商业银行为企业办理绿色票据业务。

七是要防范绿色票据风险。绿色票据作为票据业务的一种创新产品，由于其发展时间较短，各项制度不健全，标准未统一，存在“洗绿”“漂绿”等风险，因此在发展绿色票据的同时，要注意防范风险。一方面，监管部门要实现对绿色票据业务的穿透式监管，建立绿色票据监管平台，提高监管的有效性。另一方面，引入绿色票据担保机构。如果绿色企业在票据到期时无力偿还债务，担保机构将会支付一定的资金给持票企业，以减少持票企业的损失，进而降低绿色票据风险。

（三）票据服务中小微企业，切实推动普惠金融发展

银行业通过数字赋能服务下沉、发挥点多面广优势延伸服务能力，不断拓展其普惠金融业务。截至2023年9月末，全国普惠型小微企业贷款余额28.4万亿元，近5年年均增速约为25%。但是，无论从广度还是从深度上都还有较大提升空间，我国近6000万户企业，普惠型小微企业占比很高，28万亿元贷款与157万亿元的企事业贷款相比，比例不到20%，与普惠型小微企业对经济、社会的贡献度很不匹配，因此，在完善普惠金融基础设施和制度环境，提升金融风险防控和治理能力，创新发展金融产品与服务，提高金融供给与需求匹度，支持农村、郊县地区及民生领域的普惠金融服务方面，需要进一步研究政策制度的推进。

一是认真研究票据服务普惠金融的政策制度与考核机制。为进一步提升票据服务普惠金融能力，积极引入第三方融资担保、保险机构，通过担保的方式为符合普惠

金融服务条件的小微企业开展票据承兑、贴现的增信，提高票据的认可度和流动性；充分发挥政府融资担保的作用，通过财政部门、财政资金引入票据市场，并设立准入“白名单”，通过国家或地方担保基金，为符合国家和本市政策导向的小微企业和涉农企业提供票据融资担保服务或支持担保机构为缺乏抵押物和信用记录的小微企业提供担保。同时，不断完善票据服务普惠金融考核机制，如将贴现增加对银行业机构承兑占比，再贴现增加量和调整价格，考核列入小微企业之内，贴现的资本占用可以因承兑或持票企业进行微调等。

二是大力发展供应链票据，更好、更精准地服务中小微企业。供应链票据平台依托于电子商业汇票系统，与供应链金融平台对接，为企业提供电子商业汇票的签发、承兑、背书、到期处理、信息服务等功能，供应链上下游企业之间产生应收应付关系时，可以通过供应链票据平台直接签发供应链票据，供应链票据可以在企业之间转让，通过贴现或标准化票据融资。供应链票据的核心在于通过捆绑小微企业与核心企业的资信，能够将单个企业风险转化为供应链整体风险，起到分散金融风险的作用，依托核心企业的资信降低小微企业的融资成本。

三是积极推动应收账款票据化，发挥票据服务中小微企业的作用。由于应收账款不具有确权效果，其流转过程中对于原始债务人约束往往较弱，而中小企业在供应链中议价谈判时往往处于弱势地位，特别是工业企业涉及生产、销售、回款等多个环节，研发、生产周期普遍较长，账期不匹配造成的资金短缺是工业企业面临的普遍问题，容易发生故意赖账、拖欠等情况。票据与应收账款的应用场景相似，核心企业通过签发票据能够享受到延期付款的便利性，小微企业收到票据可以通过背书转让或贴现融资，缓解现金流不足的压力。因此，各金融机构可以加大对票据的推广使用，重视票据业务的发展和推广，推动普惠金融工作开展，更好地为中小企业服务。

四是不断创新票据产品，为中小微企业提供更加多样的普惠服务。自2016年票交所成立以来，票交所先后推出“票付通”“贴现通”“票交所信息披露平台”等创新产品，降低市场信息不对称，有效推动了票据市场的发展。此外，票交所顺应供应链时代发展需求推出“供应链票据”“标准化票据”，大大提升了票据使用的便利性，降低了小微企业通过票据进行融资的成本。各大银行也针对票据业务进行业务创新，如京票的“秒贴”、各大银行的“保贴”、平安银行的“免开户贴现”等，有效提升了票据服务质量，使小微企业能够享受更高效、更便捷的票据服务。

五是发挥金融科技作用。金融科技快速发展，为解决普惠金融发展难题注入新动能。大数据、云计算、人工智能、区块链等技术的日臻成熟并在金融领域的广泛应用，有利于更好地实现普惠金融工作目标。金融科技助力普惠金融能够拓宽服务边界、降低交易成本、提升治理质效、加速推进数字化转型。近年来，我国注重数字普惠金融转型，数字普惠金融已成为我国普惠金融服务实体经济的重要形式。票据数字化是解决发挥金融科技作用，使票据更好地服务小微企业的必由之路。建设票据数字化需要坚持前瞻性思维及系统观念，持续推动票据数字化顶层设计，并不断加强市场基础设施、法规制度、系统平台、数据确权与治理等方面建设，以消除数字鸿沟，优化资金供给，促进宏观调控与精准滴灌相结合，让票据更好地为小微企业服务。

六是银行机构要积极开展市场科技平台合作，在增加获客渠道的同时，推动中小微企业票据发展。银行业机构在主动创新、注重金融科技投入研究的同时，应加强与市场科技平台的合作，充分发挥平台优势。如最早接入票交所供应链票据平台的“简单汇”平台，截至2022年末，经过简单汇信息科技有限公司办理供应链票据业务的合作金融机构超过100家，开通供应链票据业务用户超过4000家，签发、背书、贴现累计交易规模超过440亿元。目前接入票交所供应链金融平台的供应链平台已达24家，其中不乏银行自主搭建的供应链平台，如“平安好链”，在发展自建平台的同时，各大银行业积极与其他供应链平台合作，切入供应链票据等业务，通过有效市场的市场竞争与合作扩大业务规模，同时为小微企业提供更优质的票据服务。

七是防控票据风险。中小微企业往往不具有完善的法人治理结构，未形成有效的内控机制，因此，在推动票据服务普惠金融的过程中，监管部门、金融机构、企业需共同发力，防范票据风险。金融监管部门需强化对票据业务的监督管理，根据市场发展需求及时出台、修订相关法律法规，与执法部门保持高度联动，提升执法力度与效率，营造良好的市场发展环境；银行等金融机构应针对票据业务制订专门的风险管理制度，严格控制信用风险、操作风险，避免票据违规事件的发生；企业应完善内部管理机制，法律是企业向好发展的保护屏障，只有遵守法律法规，企业才能在享受票据市场服务的同时使自己的利益得到保障。

（四）票据经济保障民生，支持养老金融发展

2022年，我国65岁以上人口占总人口的14.9%，老龄化程度不断加深，完善养老保

障是保障民生的重要方向之一，2022年11月个人养老金制度正式落地，个人储蓄养老和商业保险养老成为第三支柱建设的重要组成部分（第一支柱为社保基金，第二支柱为企业年金和职工年金）。但是，我国养老资金缺口大、养老体系不够健全、制度不完善、养老金融体系缺乏资金保障等，需要拓宽思路，提高居民收入比重（继续提高居民收入是增加第三支柱及解决养老资金缺口的途径之一），健全制度与风控措施，创新业务与产品，明确市场客户分层与分级服务定位，发挥保险、货币、资本等市场共同作用，为“老有所养”提供方案。

一是顶层设计指引方向，强化票据支持养老力度。第一，降低票据融资的成本。根据《商业银行资本管理办法》（国家金融监督管理总局2023年第4号），原始期限3个月以上的票据承兑和贴现风险资产分别计提100%和40%，可根据承兑企业及贴现企业适当减少计提比例，节约商业银行风险占用，由资金端自发地向养老企业拓展票据业务空间。第二，增强票据融资的能力。对于增强票据融资的能力，要求商业银行在稳健经营的基础上，对养老产业的票据进行更多的承兑及贴现，深度挖掘养老产业票据应用空间，发挥银行信用，增加商业银行对于养老产业承兑及贴现的比例和总量。同时，央行可考虑新增设置促进银发经济相关的考核标准，对满足考核标准的银行，给予增加再贴现及再贷款额度、放松再贴现票据要求及再贷款要求。

二是聚焦多样化需求，票据培育潜力产业。养老行业中包含众多的小微企业，这些企业资金需求量不高、频次多，供应链票据实现了等分化签发，票据签发可以0.01元为单位拆分，大大提高了企业用票的灵活性，解决了企业持票金额与付款金额不匹配的痛点；供应链票据还可进一步提升企业用票的便利性，企业办理电子商业汇票相关业务仅能通过商业银行、财务公司渠道，供应链票据提供了企业通过供应链平台接入的新型接入方式，进一步扩充了业务办理渠道。此外，供应链票据进一步缓解中小企业融资难、融资贵问题。由于供应链场景下企业间的真实交易关系更具可见性，且供应链票据可以有效实现信用传递，让产业链上的中小微企业分享核心企业的优质信用，因此，供应链票据更容易获得金融机构的融资及优惠价格。在供应链票据融资实践中，通常贴现利率较同期贷款利率低100~150个基点，有效地节约了企业成本。

三是建立养老产业扶持体系，强化财政金融支持。优化中央预算内投资相关专项使用范围，用好普惠养老专项再贷款、普惠养老专项再贴现，对符合条件的公益型、普惠型养老机构运营、居家社区养老体系建设、纳入相关目录的老年产品制造企业等，并建立相关养老产业扶持指标激励机制，坚持市场化原则，鼓励各商业银行通过票据贴现等低风险业务提供信贷支持。鼓励各类金融机构在坚守职能定位、依法依规的前提下，加大对养老服务设施、银发经济产业项目建设的支持力度。

四是票据助推银发经济发展，增进老年人福祉。银发经济是向老年人提供产品或服务，以及为老龄阶段做准备等一系列经济活动的总和，涉及面广、产业链长、业态多元、潜力巨大。发展银发经济，就要发展民生事业，解决“急难愁盼”；扩大产品供给，提升质量水平；聚焦多样化需求，培育潜力产业；强化要素保障，优化发展环境。培育、繁荣银发经济企业、政府和金融机构等多主体共同发力，参与主体是多元的，主体之间的差异是显著的，因此，融资需求也是多样的，资金使用场景也是多元的，结合票据自身特点优势，尤其是商业汇票，在助推银发经济发展上大有可为。

五是防控票据发展风险，优化发展环境。要对养老产业中的企业，开展票据相关知识培训，避免因操作失误带来的票据风险。防范高资产、高负债养老产业企业签发商业承兑汇票。实际业务中存在个别金融机构受手续费或吸收存款诱惑仍然签发超过企业自身能力的银行承兑汇票，最后出现到期无款垫付、借故拖延或无理拒付等情况，造成到期承付率下降，银行承兑汇票无条件到期付款无疑加大了经营风险，对银行的经营造成不利影响，进而危害整个金融系统的健康发展。要落实中央金融工作会议精神，在鼓励金融机构和票据服务养老金融时，守住金融监管的底线。

（五）数字票据服务实体，助推数字金融发展

数字金融是数字经济的重要组成部分，数字金融与数字经济融合已成必然趋势。数字货币、支付、信贷、证券、保险、资管等数字金融业务具有广阔的发展空间，要加强包括完善数字基础设施、推进数字化转型、建立数字金融发展的市场准入与公平竞争、完善监管制度、防范风险等方面研究措施，特别是对于数字金融服务数字经济方面，要从生产、流通、交易、服务等方面研究，提出实施更便利、更舒适、更贴近实际的服务。一是要服务数字经济，数字票据可以利用大数据、人工智能等技术手段，为企业提供个性化、便捷化的票据解决方案，随时满足企业的支付与融资需求；打破地域限制，结合跨境人民币等金融手段创新服务模式，提升服务效率，降低企业交易成本；为数字经济中的创新活动、创新项目提供票据支持，促进数字经济高质量发展。二是要服务数字信用，数字票据可以借助技术手段精准评估分析企业的信用状

况及信用水平，优化金融资源在企业之间的分配，更好地支持实体经济发展，更合理地为中小企业提供金融资源，促进社会经济和谐、有序、健康地发展。三是要服务金融创新，数字票据自身就是金融产品创新，金融创新还包括基础设施、授信管理以及业务模式的创新，以进一步提升数字票据服务实体经济的能力，满足中小企业多样化的金融需求，进而推动经济转型与可持续发展。四是要防范风险，数字票据具备数字金融的风险特点，金融机构应建立完善的数字风险管理体系，包括风险识别、评估及监测等方面，提升数字风险管理的广度与精度；监管部门应同步建设数字监管平台，进一步强化数字监管实践，防范数字金融风险；基础设施应搭建数字风险监测预警平台，及时发现预警潜在风险；票据市场参与者之间应建立风险数据共享交换机制，及时获取风险数据与信息，提升市场参与者风险防控水平。

商业银行票据市场利率形成机制研究

■李唯　王启尧　方雄平[1]

摘　要： 在当前国内外经济恢复面临较大压力、客户有效信贷需求减弱等背景下，本文重点分析了近年来商业银行票据业务的定位、多重属性、业务价值及内部评价等情况，发现这些情况使票据市场利率的走势及影响因素发生了新的变化，并通过引入2019—2022年48组月度样本数据，从宏观经济、资金价格和供需关系等层面定量分析21个重要影响因子相关性以及票据市场利率形成机制。同时，基于资本资产定价理论，引入基准利率和规模溢价等指标构建票据市场利率模型，利用计量经济学软件Eviews10.0以及48组月度数据对模型进行单位根检验、格兰杰因果检验、协整检验以及VEC模型等量化分析，VEC模型预测结果对各机构二级市场交易具备一定的参考指导意义。本文通过各变量相关性对比分析发现，2019—2021年票据的资金属性逐年递增，信贷属性逐年下降，资金属性表现强于信贷属性；而2022年票据信贷属性出现明显反弹，表现反超资金属性。

关键词： 票据价值；利率机制；资金属性；信贷属性；实证分析

[1] 作者简介：李唯，招商银行总行票据业务部总经理；王启尧，招商银行总行票据业务部产品经理；方雄平，招商银行总行票据业务部风险经理。

票据市场是我国金融市场中重要的子市场，经过四十多年的探索与发展，已成为我国金融体系中重要的组成部分。票据市场具有发达的一二级市场，在服务实体经济，拓宽中小微企业融资渠道，解决融资难、融资贵等方面发挥重要作用。

票据创设之初主要用于解决企业之间的信用支付和三角债问题，近年来已成为商业银行重要的资产配置类型，在解决中小企业融资难、融资贵，调节商业银行资产负债规模和优化资产负债结构等方面发挥重要作用。2022年全市场贴现业务量为19.46万亿元，同比增长16%，转贴现业务量为58.2万亿元，同比增长24%；票据融资余额为12.8万亿元，同比增长30%。在票据市场容量大幅增长的同时，票据贴现、转贴现的利率也大幅下降约90BP，票据支持中小微企业融资效果凸显。

与此同时，自2022年以来票据市场利率的走势及影响因素发生了新的变化，一是在新冠疫情形势复杂严峻、宏观经济下行压力加大的背景下，商业银行阶段性以票补贷趋势更加明显；二是在票据利率影响因素更加复杂，票据资金属性和信贷属性的综合作用下，票据利率长期低于资金市场已成为常态。因此笔者认为，有必要对当前经济及市场环境下票据业务利率形成机制及影响进行实证研究。

一、商业银行票据业务定位及多重属性

当前票据市场参与主体主要为企业和金融机构。在企业端，票据兼具支付结算属性和融资属性，企业之间可基于票据的信用将其背书转让，在新一代票据系统上线后，这种属性将进一步放大，企业可将票据作为准现金使用。此外，票据贴现也是企业最为常用的短期融资工具。在银行端，各商业银行对票据业务的定位和经营模式不尽相同，此前票据利率走势往往接近资金市场走势，票据利率在二级市场上与资金利率高度相关，部分银行将票据业务的经营职责纳入金融市场相关部门；但票据贴现、转贴现也是银行传统的资产业务，部分银行将贴现职能纳入信贷部门管理，并将转贴现业务职能纳入单独成立的票据中心或二级部门，并在发达的票据二级市场将其作为银行的信贷规模调控器，大幅影响票据市场利率走势。

票交所自成立以来，引领票据市场不断创新发展，各商业银行结合自身经营发展方向和理念逐步形成了各具特色的票据业务经营模式。同时，后疫情时代票据市场格局发展剧烈变化，各参与主体布局票据业务，导致市场竞争进一步加剧，交易价差不

断缩窄，形成了当前票据业务百家争鸣、充分竞争的市场格局。

对于大中型商业银行，其票据业务往往定位为综合经营和客户服务，票据业务综合收益最为可观，同时其票据产品及创新驱动能力更强，票据营收、资产、交易、客群等指标全面领先；对于部分中小机构而言，其票据资产更重要的作用是作为信贷资产进行规模调控和配置，这些机构往往更加注重资产总量的填补，较少考虑票据资产收益率和流动性；对于部分活跃的券商和商业银行，票据资产作为流动性较好的交易资产，其二级市场交易极为活跃，这类机构通过波段交易、撮合交易、期限错配等方式赚取市场波动的收益，持票规模往往较小且资金成本高；对于个别存款匮乏的机构，其往往通过全额保证金承兑业务吸收企业存款，并协助企业承兑回贴进行空转套利，这类机构合规风险和流动性风险极大，但随着《商业汇票承兑、贴现与再贴现管理办法》的正式实施，对商业银行承兑业务余额与资产总额比例设置了上限，这类机构的运作得到有效控制。

二、商业银行票据业务价值及内部评价

通过上述分析可知，由于票据业务经营模式和定位不同，商业银行对票据业务的价值挖掘和提升空间也存在较大差异。综合上述经营模式来看，票据业务对于商票银行的价值贡献可以总结为以下四个方面。

（一）社会价值

在服务中小微企业方面，可解决中小微企业融资难、融资贵问题，据人民银行金融市场运行情况统计，2023年6月全市场签发票据中小微企业9.6万家，占比92%，贴现中小微企业9.1万家，占比96%。近年来，企业票据融资利率中枢不断下行，中小微企业使用票据融资利率显著低于信贷业务的。在解决企业三角债问题上，票据业务可实现盘活企业供应链，提升资金使用效率，促进实体经济发展作用。此外，票据还在绿色金融、农业、制造业、民营企业等方面体现价值，各类扶持政策也不乏票据业务的参与。

（二）政策价值

票据业务对于商业银行具有多种政策价值。在落实信贷政策方面，商业银行可通

过票据融资调整信贷规模、优化信贷结构，保持信贷投放稳定增长，达到稳定预期、熨平波动的效果。此外，票据再贴现是人民银行重要的货币政策之一，通过票据再贴现可以达到专项扶持小微、民营、制造业的目的，还可根据不同地区人民银行的要求，差异化补贴地区产业，提升货币政策灵活性，将货币政策传导至小微企业，提升货币政策的精准性。

（三）客户价值

票据是天然的供应链产品，可通过背书进行多级流转，商业银行可以借此进行供应链“1+N”模式拓客，延伸至核心企业多级链条的企业，且基于供应链真实的贸易背景和核心企业的优质信用，实现高效的风险控制。在新一代票据系统上线后，票据等分化将票据客户进一步向外延展至亿级长尾客群，商业银行运用线上化、大数据等工具可对海量长尾客群进行综合经营，加大商业银行资产组织力度，实现公司客户零售化。

（四）营收价值

票据业务是银行传统资产业务，是短期生息资产，按照贴现利率在存续期间贡献净利息收入。但自2022年以来，票据利率走势与资金市场出现了一定程度的背离，到2023年该情况进一步加剧，究其原因主要是后疫情时代下，经济增长承压，信贷投放不足，票据成为各银行填补信贷规模的重要来源，导致票据供求失衡，部分关键时点出现极端零利率等现象，也导致票据资产收益率与银行资金成本长期倒挂。

票据具有发达的二级市场，银行贴现票据资产可通过卖断其他同业实现卖断价差收入，通过占用短时间的资金实现较高额的非息收入。而票据转转业务，可实现轻资产运作，可通过专业的市场研判赚取市场波动的利润，但也需要更强的综合经营能力和出色的市场判断能力。

票据业务涉及各项手续费收入，如票据承兑手续费、贴现通手续费、票据池手续费等，此外，承兑保证金的利息收入也可为票据业务贡献的可观收入等。

由于票据业务在商业银行经营中的一系列价值和定位不同，其内部的政策支持和资金成本也不尽相同，但总体逻辑基本一致，即使用商业银行司库资金或自行组织负债。使用资金/组织负债的期限不同，内部资金转移定价（FTP）成本也会不同。对于以持有票据资产为主的银行，其FTP成本为票据期限对应的期限的资金成本；对于综合经营类或交易获利类的银行，FTP成本为以票据平均持有时间对应的期限资金；对于券商等无稳定资金来源且资金成本高的机构，持票规模较小，FTP成本往往以期限错配和快速周转的策略为主。

笔者认为，由于当前票据市场利率的影响主要因素发生变化，且票据业务在商业银行内部也存在多重的价值贡献和政策属性，因此在个别时点票据信贷属性显著增强、持票收益和FTP长期倒挂的背景下，需要综合各类复杂因素，重新审视票据市场利率形成机制和商业银行对于票据业务的评价工具和评价维度。

三、票据市场利率形成机制

目前，各机构对票据利率的研判主要采用的是对包括宏观经济、政策松紧、资金成本、供需情况、参与机构行为和市场情绪等影响因素在内的定性分析方法，但在实际操作中，以上因素的指标较多且互相交叉、个人主观感受和能力不同、各因素难以量化等造成判断的主观性和随意性极强，且准确性较低。对比金融市场中的股票和债券市场，其量化研究和交易已经较为成熟，特别是十年期国债利率的量化预测准确率已能达到较高水平。票据市场作为连接实体经济和金融市场的桥梁，其利率走势也有自身的规律和特点，在建立票据量化模型之前，首先要研究分析票据市场利率形成机制，以及与票据利率相关性较高、较为稳定且容易量化的指标。

（一）票据市场利率的影响因素

1. 宏观经济

从长期视角看，票据利率走势与宏观经济增速呈正相关关系。在经济的复苏和繁荣期，一方面，国内生产总值增长加快、企业扩张产能，信贷投放充分，挤压票据融资规模，票据融资新增规模负增长，导致票据利率上行；另一方面，通货膨胀上升，货币政策收紧导致资金成本提升，票据利率一般也随之处于震荡上行区间。在经济的衰退和萧条周期，国内生产总值增长较慢、企业收缩产能、物价下行、利率下行，货币政策和信贷政策与复苏和繁荣期相反，票据利率一般也随之处于震荡下行区间。

2. 政策变化

政策面因素决定了票据利率的变化周期。影响票据市场利率的政策面因素包括货币政策、财政政策、信贷政策以及监管政策等。不同政策在不同时期的目标、节奏、力度都不同，总的政策基调和运行周期决定了票据利率变化的周期。当政策收紧时，票据利率进入上行通道；当政策放松时，票据利率转入下行通道。

3. 资金价格（反映票据资金属性）

从中期视角看，票据市场利率和同业间市场资金价格（如质押式回购、SHIBOR和同业存单等）的利率相关性极大，主要原因是银行承兑和同业间市场信用主体均为银行信用，且票据转贴现市场交易参与主体基本与同业拆借市场相同，故其定价参考货币资金价格，各机构票据资产的FTP成本线与资金价格的波动息息相关。

4. 供需关系（反映票据信贷属性）

票据市场供需关系的变化会对票据利率产生快速和显著的冲击。从供给端来看，票源的最终供给取决于企业签发量，观察指标主要有票据签发量、承兑量、贴现量等。从需求端来看，票源的最终需求取决于银行的配置量，包括票据融资和资管的量，这又与银行的信贷投放情况、可用资金、风险偏好等有关。当票源减少、供不应求时，票据利率存在下行动力；反之，票据利率存在上行动力。

5. 参与机构行为和市场情绪

参与机构行为和市场情绪也对票据利率造成影响。市场情绪包括“羊群”效应和反馈效应，这两种情绪会增大票据利率变动幅度。参与机构行为（如大型银行暂停收票或调价等）将影响市场情绪，可以扩大某些正面或负面消息的影响，加剧票据利率波动。

综上所述，票据市场利率同时受宏观经济、政策松紧、资金成本、供需情况、参与机构行为和市场情绪等多个层面因素的影响，每个方面在不同时期对票据利率影响不同，主次关系也随市场环境的变化而变化。总体来说，票据利率走势长期看宏观经济，中期看资金成本，短期看供需变化。

（二）票据市场利率形成机制分析

票据市场利率受各类复杂因素共同作用产生，其形成路径如图1所示。宏观经济变化主要影响货币政策和信贷政策，货币政策作用于票据业务的资金属性，信贷政策作用于票据业务的信贷属性，并直接影响票据资产供需，进而影响票据利率。

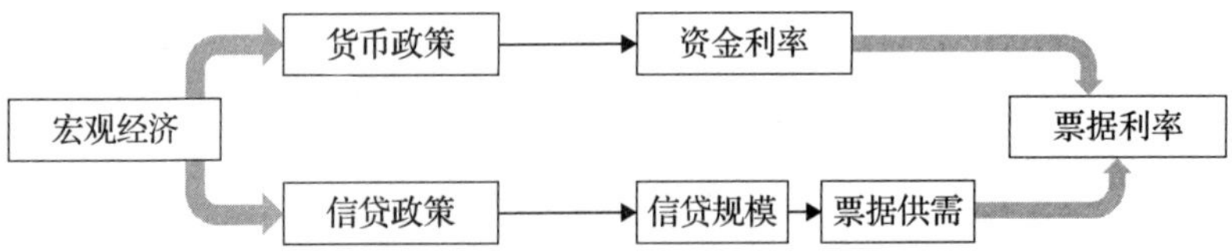

图1　票据利率影响因素及传导路径

1. 宏观经济与票据市场利率的传导机制

票据是企业支付结算的重要工具，宏观经济的冷暖直接影响货币政策和企业贸易往来的活跃程度，进而影响资金利率及融资成本，从而对票据利率传导正向影响。此外，信贷政策的松紧将直接影响信贷投放规模，进而影响票据市场需求，从而对票据利率传导正向影响。因此，从长期来看，票据利率走势与宏观经济增速呈正相关关系。

2. 基于资金价格的票据市场利率形成机制

货币市场利率体现了货币政策和流动性松紧情况，直接影响机构票据资产的FTP成本线，进而决定票据市场利率波动中枢。此外，资金价格直接影响票据转贴现市场交易需求，从而间接影响票据市场利率。因此，资金面因素通过影响参与机构持票和交易成本决定票据利率波动中枢。

3. 基于供需关系的票据市场利率形成机制

票据的信贷属性是影响票据利率走势的主要因素之一，直接作用于票据融资新增规模，导致票据需求变化。根据票据供需均衡等式：贴现量=到期量+票据融资新增规模+票据资管新增规模，在信贷政策收紧、信贷规模紧张时，票据融资被贷款挤出，机构出票增多、收票减少，导致票据利率上升；在信贷政策放松、信贷规模充裕时，票据被用于冲规模替贷款，机构收票增多、出票减少，导致票据利率下行。因此，供需关系决定票据市场短期均衡利率水平。

（三）票据市场利率影响因素相关性量化分析

1. 宏观经济与票据利率相关性量化分析

选取2019年1月至2022年12月的票据转贴现月度平均利率（Y），共计48个观察值，同时选取国内生产总值（GDP）、居民消费价格指数（CPI）、生产价格指数（PPI）、投资增速（TZ）、消费增速（XF）、净出口增量（CK）的数据作为宏观经济观测指标。宏观经济与票据利率波动变化情况如图2所示。

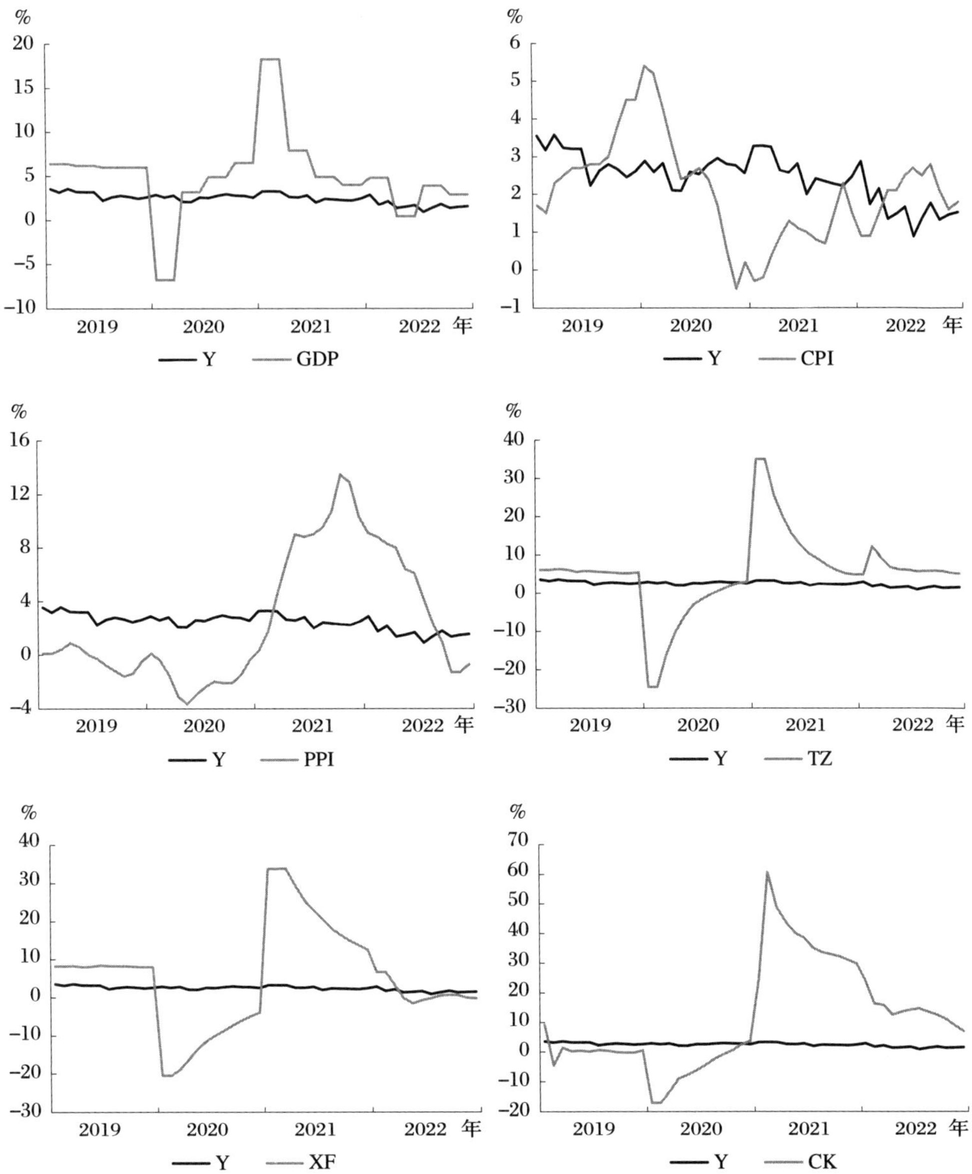

图2　宏观经济与票据利率活动变化情况

（资料来源：笔者记录的市场足年国股转贴现成交利率的月平均值）

将上述2019—2022年票据利率和6个宏观经济指标的48组样本观测数据导入计量经济学软件Eviews10.0，可分别导出票据利率与6个宏观经济指标的相关性系数，如表1所示。

表1　票据利率与6个宏观经济指标的相关性系数

单位：%

宏观经济指标	GDP	CPI	PPI	TZ	XF	CK
相关系数	39	−9	−22	12	26	−3

从表1可以看出，GDP与票据利率相关性系数为39%，说明GDP与票据利率呈正相关关系，且相关性显著高于CPI、TZ和CK等其他宏观经济指标。宏观经济指标与票据利率相关性相对较低，明显弱于资金价格和供需关系指标。

2. 资金价格与票据利率相关性量化分析

参照票据剩余期限，选取对应个1个月、3个月、6个月、1年的SHIBOR（分别表示为SH1M、SH3M、SH6M、SH1Y）、同业存单（AAA，分别表示为CD1M、CD3M、CD6M、CD1Y）以及1年期国债（表示为GZ1Y）的数据作为资金价格观测指标。资金价格与票据利率波动变化情况如图3所示。

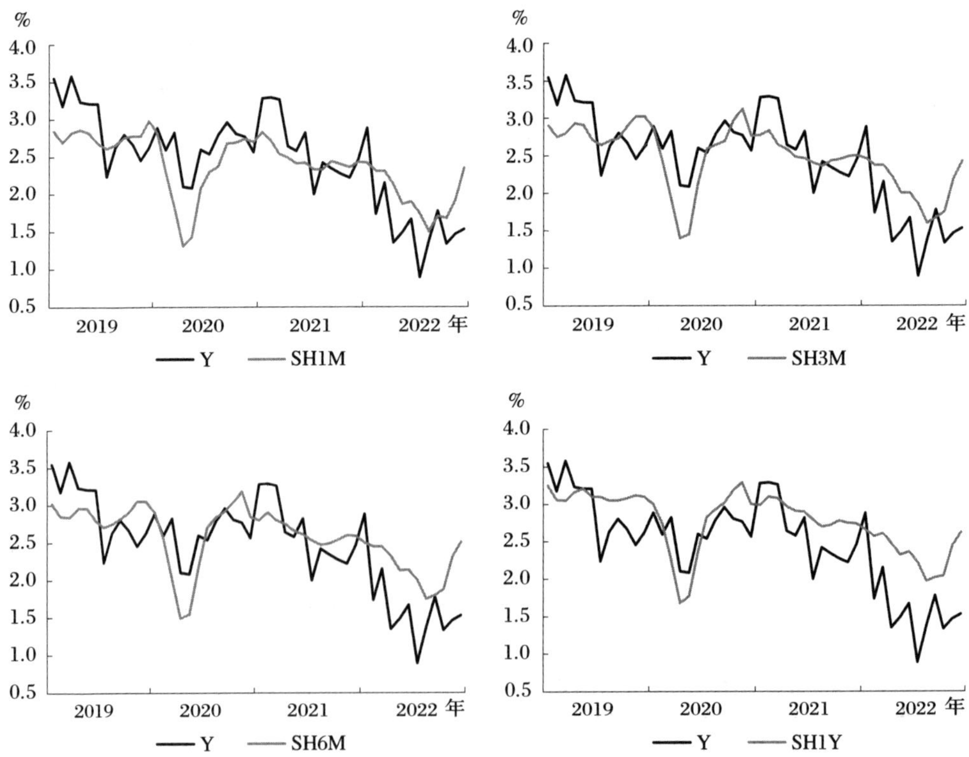

图3　资金价格与票据利率波动变化情况

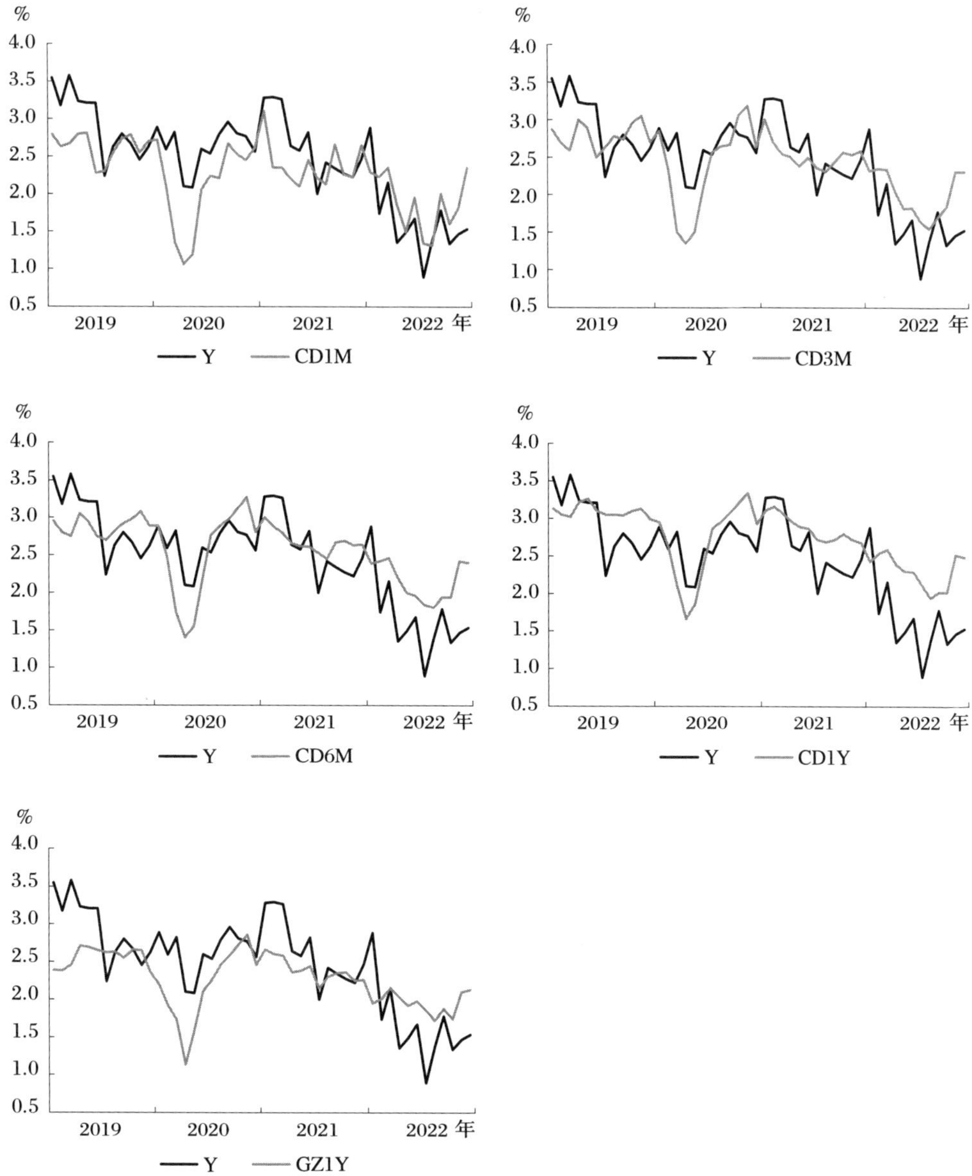

图3　资金价格与票据利率波动变化情况（续）

将上述2019—2022年票据利率和9个资金价格指标的48组样本观测数据导入计量经济学软件Eviews10.0，可分别导出票据利率与9个资金价格指标的相关性系数，如表2所示。

表2　票据利率与9个资金价格指标的相关性系数

单位：%

资金面指标	SHIBOR				同业存单（AAA）				国债
	1个月	3个月	6个月	1年	1个月	3个月	6个月	1年	1年
相关系数	73	70	69	72	67	65	67	72	63

从表2来看，资金价格指标与票据利率相关性均超过63%（含），明显高于宏观经济指标。1个月期SHIBOR与票据利率相关性系数为73%，说明1个月期SHIBOR与票据利率呈正相关关系，且相关性高于其他期限SHIBOR、同业存单（AAA）和国债等资金价格指标。票据具有全社会的普遍流通性以及完全市场化的转贴现交易市场，其短期资金属性越来越突出。

3. 供需关系与票据利率相关性量化分析

参考票据供需均衡等式，选取贴现量（TXL）、票据融资新增规模（PRZ）、票据资管新增规模（ZGZ）、票据融资余额（PRY）、票据融资余额/贷款余额即票贷比（PDB）、当月到期量（DQL）的数据作为供需关系观测指标。供需关系与票据利率波动变化情况如图4所示。

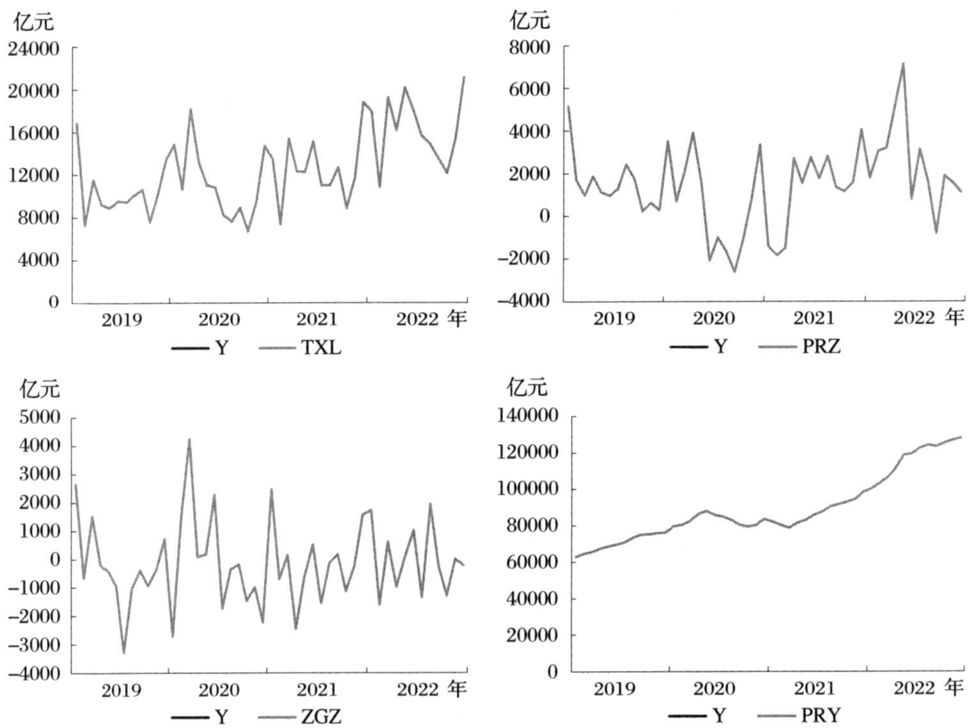

图4　供需关系与票据利率波动变化情况

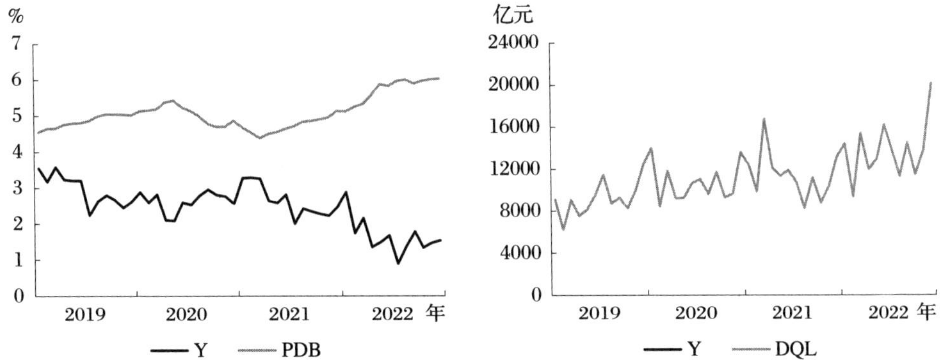

图4　供需关系与票据利率波动变化情况（续）

将上述2019—2022年票据利率和6个供需关系指标的48组样本观测数据导入计量经济学软件Eviews10.0，可分别导出票据利率与6个供需关系指标的相关性系数，如表3所示。

表3　票据利率与6个供需关系指标的相关性系数

单位：%

供需面指标	TXL	PRZ	ZGZ	PRY	PDB	DQL
相关系数	39	-34	-19	-85	-87	-40

从表3来看，PDB与票据利率相关性系数为-87%，说明PDB与票据利率呈负相关关系，且相关性明显高于宏观经济、资金价格以及其他供需关系指标。PDB直接作用于票据市场供需关系的变化，直观反映出票据的信贷属性是影响短期票据市场利率走势的最重要因素。

四、票据市场利率模型的构建与实证分析

在资本资产定价理论和利率期限结构理论中，金融资产定价是在基准利率基础上加计补偿利率产生的，即利率是由机会成本和风险补偿构成的。上述理论已被广泛应用于金融产品的定价，对票据资产定价同样存在“票据利率=基准利率+补偿利率”的关系。

（一）票据市场利率模型的构建

1. 基准利率选择

作为一个性能良好的基准利率指标必须符合三个条件。一是相关性。基准利率必须与票据利率高度相关，基准利率的变化能够引起票据利率的改变。二是可测性。基准利率既要能迅速获取准确数据，又必须有较明确的定义，并便于观察、分析和监测。三是灵敏性。基准利率要能够及时、灵敏地反映实际资金供求状况及其变化，以及间接反映作用于资金供求的宏观和中观因素，如宏观经济走势、货币政策松紧等。

我国一般选择SHIBOR作为基准利率，随着同业存单市场的快速发展，发行和交易机制越来越成熟，目前同业存单市场利率也能反映资金供求关系及其变化。但从上文相关性量化分析来看，SHIBOR及时性和灵敏性优于同业存单利率（CD），同时1个月期SHIBOR和票据利率的相关性更高。因此，本文选择1个月期SHIBOR作为描述票据利率走势的基准利率，这也反映了票据转贴现市场利率短期资金属性越来越突出。

2. 补偿利率选择

一是规模补偿。票据通常被用作调节信贷规模的“利器”，信贷规模是影响票据利率走势的主要因素之一。在信贷政策收紧、信贷规模紧张时，票据融资被贷款挤出，机构出票增多、收票减少，导致票据利率上升；在信贷政策放松、信贷规模充裕时，票据被用于冲规模替贷款，机构收票增多、出票减少，导致票据利率下行。规模溢价可用PDB来描述。

二是其他因素。如果存在不作用于基准利率，只作用于票据利率的其他影响因子，可用0–1变量描述该因子对票据利率走势的影响，如票据风险案件、监管检查、技术分析等因素。

3. 模型的设定

Y表示票据利率（因变量），SH1M表示1个月期SHIBOR，PDB表示规模溢价，C为常数项，ut为误差项，则票据市场利率模型可表示为

$$Y = C + a1 \times SH1Mt + a2 \times PDBt + ut \quad (1)$$

（二）票据市场利率模型的参数估计

1. 样本选择

票据利率的观测样本选取1年期电票转贴月平均利率，基准利率选取1个月期Shibor

月平均收益率，规模补偿指标使用PDB。样本时间窗口设为2019年1月至2022年12月，取得48个样本值。

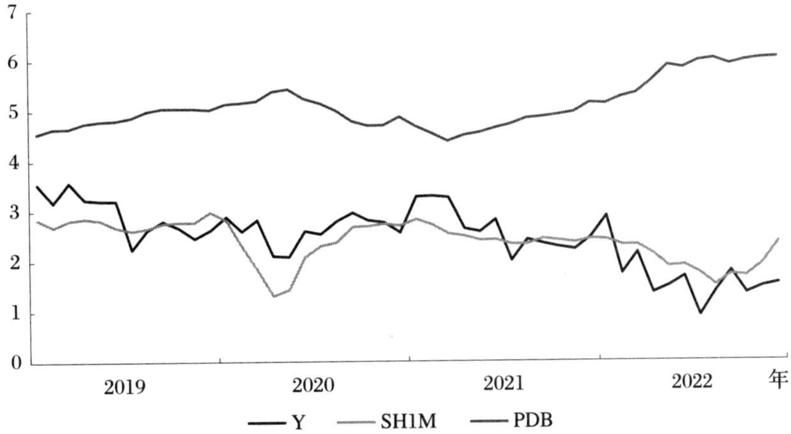

图5　样本利率走势

从图5可直观看出，票据利率和1个月期SHIBOR呈正相关关系，而与PDB有较强的负相关关系。

2. 单变量模型——1个月期SHIBOR作为基准利率

利用计量经济学软件Eviews10.0，对上述2019—2022年票据利率和1个月期SHIBOR的48组样本观测数据进行参数估计，可得出以下模型估计结果（见表4）。

表4　单变量模型估计结果

Dependent Variable: Y
Method: Least Squares
Date: 09/10/23　Time: 22:12
Sample: 2019M01 2022M12
Included observations: 48

Variable	Coefficient	Std. Error	t-Statistic	Prob.
C	-0.196145	0.372308	-0.526835	0.6008
SH1M	1.118067	0.154319	7.245159	0.0000
R-squared	0.532959	Mean dependent var		2.460894
Adjusted R-squared	0.522805	S.D. dependent var		0.643783
S.E. of regression	0.444720	Akaike info criterion		1.258031
Sum squared resid	9.097701	Schwarz criterion		1.335998
Log likelihood	-28.19275	Hannan-Quinn criter.		1.287495
F-statistic	52.49233	Durbin-Watson stat		0.793198
Prob(F-statistic)	0.000000			

从表4可以看出，SH1M作为基准利率，模型参数可通过置信度为99.99%的显著性检验（$p<0.0000$），得到单变量的拟合模型为

$$Y=-0.1961+1.1181\times SH1Mt \tag{2}$$

3. 加入规模补偿因子的模型分析

公式（2）的拟合功能仍不够充分，其中一个重要原因是没有加入规模补偿因子。在实际经营中，银行通过票据调节信贷规模是影响票据利率短期剧烈变动的重大因素，在票据利率建模中不可忽略。根据上文提出的建模方法论，加入规模补偿因子PDB，并通过计量经济学软件Eviews10.0，选择以显著性水平P值作为判别依据、设置检验水平为5%，进行逐步回归，导出结果如表5所示。

表5 双因子模型估计结果

Dependent Variable: Y
Method: Least Squares
Date: 06/29/23 Time: 19:35
Sample: 2019M01 2022M12
Included observations: 48

Variable	Coefficient	Std. Error	t-Statistic	Prob.
C	6.392272	1.118732	5.713856	0.0000
PDB	-0.938621	0.154349	-6.081169	0.0000
SH1M	0.359180	0.170105	2.111519	0.0403
R-squared	0.743636	Mean dependent var		2.460894
Adjusted R-squared	0.732242	S.D. dependent var		0.643783
S.E. of regression	0.333127	Akaike info criterion		0.699877
Sum squared resid	4.993821	Schwarz criterion		0.816827
Log likelihood	-13.79706	Hannan-Quinn criter.		0.744073
F-statistic	65.26589	Durbin-Watson stat		1.285447
Prob(F-statistic)	0.000000			

表5的拟合优度高于单变量模型21%，加入规模补偿因子的模型有了显著改善。模型参数的估计值显示，假设基准利率不变，PDB每扩大100BP，票据利率就下降94BP。最终，可以得到双变量拟合模型的线性回归方程。

$$\begin{aligned} &Y=6.3923+0.3592\times SH1Mt-0.9386\times PDBt \\ &s.e.=(1.1187)\quad(0.1701)\quad(0.1543) \\ &P=(0.0000)\quad(0.0403)\quad(0.0000) \\ &R2=0.7436\qquad Prob(F\text{-}statistic)=0.0000 \end{aligned} \tag{3}$$

从公式（3）可以看出，短期资金价格（1个月期SHIBOR）每提升100BP，则票据利率提升35.92BP；PDB每提升100BP，则票据利率下降93.86BP。

（三）票据市场利率模型实证分析

1. 单位根检验

为了避免上述模型分析中可能出现的伪回归，本文在进行格兰杰因果检验以及协整分析之前，利用Dickey和Fuller（1981）提出的考察残差项序列相关的ADF检验法对各个变量进行单位根检验，以确定变量的平稳性，其中滞后阶数按AIC和SC最小的原则选取。检验结果（见表6）表明，时间序列SH1M、PDB和Y都是非平稳序列I（1），经过一阶差分后，ΔSH1M、ΔPDB以及ΔY在1%的置信水平下均为平稳序列I（0），时间序列ΔY在5%的置信水平下也为平稳序列I（0），因此在5%的置信水平下各时间序列均为一阶平稳。

表6　模型中各变量的单位根检验结果

变量	检验类型	ADF检验	1%	5%	10%	结论
	（C，T，L）	统计量	临界量	临界量	临界量	
Y	（C，0，0）	−2.8065	−4.1658	−3.5085	−3.1842	I(1)
SH1M	（C，0，0）	−2.5090	−4.1706	−3.5107	−3.1855	I(1)
PDB	（C，0，0）	−0.6213	−4.1658	−3.5085	−3.1842	I(1)
ΔY	（C，0，1）	−10.4157	−4.1706*	−3.5107**	−3.1855***	I(0)
ΔSH1M	（C，0，1）	−3.8425	−3.5812*	−2.9266**	−2.6014***	I(0)
ΔPDB	（C，0，1）	−4.9002	−4.1706*	−3.5107**	−3.1855***	I(0)

注：1. 检验形式（C，T，L）分别表示单位根检验方程中包括的常数项、时间趋势和滞后阶数；
2. *、**、*** 分别表示在1%、5%和10%的显著性水平下拒绝原假设，即时间序列是平稳过程。

2. 格兰杰因果检验

为了判断SH1M、PDB和变量Y之间是否存在因果关系，从而判断将变量加入模型的必要性，需要对这三个变量进行格兰杰因果检验。根据单位根检验可知，在5%的置信水平下各时间序列均为一阶平稳，由于格兰杰因果检验只能对平稳序列进行，因此本文对各时间序列的一阶差分进行格兰杰因果检验。又因为Granger检验对设定的滞后阶数比较敏感，所以本文在对变量SH1M、PDB与Y进行因果关系检验之前，需要利用

AIC和SC准则对不同滞后期的检验结果进行评价，以确定各变量的滞后阶数，在这里仍以AIC和SC取最小的原则选取，检验结果如表7所示。

表7　模型中各变量的格兰杰因果检验结果

检验项目	obs	F值	P值
SH1M不是Y的原因	47	3.00857	0.0498
Y不是SH1M的原因	47	0.00013	0.9909
PDB不是Y的原因	47	5.27807	0.0264
Y不是PDB的原因	47	2.64082	0.1113

从表7可以看出，“PDB不是Y的原因”对应的P值小于“SH1M不是Y的原因”的P值，故在5%的置信水平下，SH1M和PDB是Y的格兰杰因果关系，且PDB与Y的格兰杰因果关系相较SH1M变量更为显著，进而说明反映信贷属性的PDB变量是研究票据转贴现市场利率的最重要的变量之一，将该变量引入模型中是非常必要的。

3. 协整检验

格兰杰因果检验表明SH1M、PDB和变量Y之间存在一定的因果关系，但因果关系在很大程度上受到的滞后期数的影响，因此有必要确定这些变量之间是否存在长期均衡关系。根据ADF单位根检验可知，在5%的置信水平下，变量指标SH1M、PDB和Y均为一阶平稳，这表明可以进行协整检验，因此本文通过对时间序列做协整分析来确定它们之间是否存在长期的稳定关系。我们根据AIC最小化原则选择协整滞后区间为滞后1期，运用Johansen-Juselius检验对5个变量的时间序列进行协整分析，利用最大特征值以及迹统计量进行协整个数检验，具体检验结果如表8所示。

表8　Johansen协整检验结果

Unrestricted Cointegration Rank Test (Trace)				
Hypothesized		Trace	0.05	
No. of CE(s)	Eigenvalue	Statistic	Critical Value	Prob.**
None*	0.328605	31.83464	29.79707	0.0287
At most 1	0.276360	14.30517	15.49471	0.0749
At most 2	0.001655	0.072872	3.841466	0.7872

从表8可以看出，在5%的置信水平下，SH1M、PDB和变量Y之间存在1个协整关系，经标准化后的协整关系式如下：

$$Y = 1.5213 \times SH1Mt - 0.1609 \times PDBt \quad (4)$$

从公式（4）中不难发现，时间序列间存在协整关系，系数符号均符合理论预期，这表明短期资金价格（SH1M）的波动对票据市场利率呈正向影响，PDB对票据市场利率波动呈负向影响，SH1M每上升1BP，则Y上升1.5213BP；PDB每上升1BP，则Y下降0.1609BP。

4. 量化模型预测分析

量化预测是建模的目的之一，本文为了更加准确地了解票据市场利率的波动趋势，主要运用VEC模型对各时间序列进行静态预测分析，模型预测结果如图6所示。

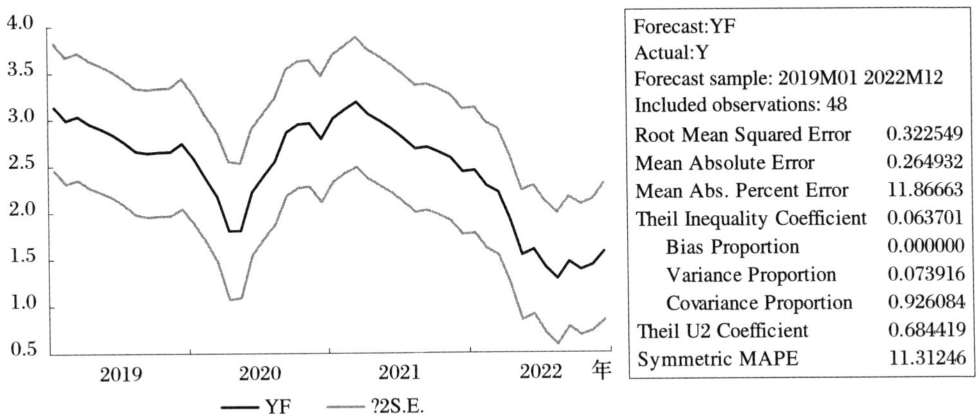

图6　票据市场利率量化模型走势预测

图6中实线表示因变量的预测值，上下两条虚线给出的是近95%的置信区间，图右边的附表提供了一系列的评价指标，其中BP反映了预测值YP和实际值Y均值之间的差异，VP反映它们标准差的差异，CP衡量了剩余的误差。从图6可以看出，回归的MAPE值为11.31，BP值趋近于零，说明该线性回归模型的预测精度相对较高，票据市场利率模型预测值也十分接近真实值。

（四）2019年以来变量相关性对比分析

为分析2019年以来票据短期、中长期资金属性以及信贷属性对票据市场利率的影响程度，本文在参考前文模型分析结果的基础上，增加中长期资金属性观测指标（SH12M），即票据市场利率观测样本选取1年期票据转贴现月平均利率（Y），基准利率选取SH1M和SH12M，规模补偿指标选取PDB。样本时间窗口分别选取2019—2022年的每年各12组样本值，并通过计量经济学软件Eviews10.0的相关性分析，可分别导出2019—2022年变量SH1M、SH12M、PDB与Y的相关性系数，如表9所示。

表9　2019—2022年变量SH1M、SH12M、PDB与Y的相关性系数

单位：%

变量指标	2022年	2021年	2020年	2019年
SH1M	62.54	85.42	80.20	29.65
SH12M	52.77	87.08	81.44	36.69
PDB	–75.86	–62.31	–70.05	–81.70

从表9可以看出，2022年票据短期、中长期资金属性以及信贷属性发展趋势出现较为显著的变化。2019—2021年，短期资金价格（SH1M）、中长期资金价格（SH12M）与票据市场利率（Y）相关性逐年上升，且票据中长期资金属性的相关性略强于短期资金属性，但票贷比（PDB）与票据市场利率（Y）相关性呈现逐年下降趋势。从相关性系数绝对值来看，2022年票据信贷属性出现明显反弹现象，超过2020年信贷属性相关性水平，且票据信贷相关性反超资金相关性；而票据资金属性出现显著回落现象，回落幅度大于信贷属性反弹幅度，且票据短期资金属性反超中长期资金属性。

五、研究结论及政策建议

（一）票据资金和信贷属性显著影响利率走势，2022年票据的信贷属性相关系数反超资金属性

票据市场利率同时受宏观经济、政策松紧、资金成本、供需情况、参与机构行为和市场情绪等多个层面因素的影响，每个方面在不同时期对票据利率影响不同，主次关系也随市场环境的变化而变化，总体来说，票据利率走势长期看宏观经济，中期看资金成本，短期看供需变化。本文通过宏观经济、资金价格和供需关系相关21个影响

因子变量相关性对比分析发现，2019—2021年票据的资金属性逐年增强，信贷属性逐年减弱，资金属性强于信贷属性；而2022年票据短期、中长期资金属性以及信贷属性发展趋势出现较为显著的变化，票据信贷属性出现明显反弹，信贷属性相关系数反超资金属性，且票据短期资金属性反超中长期资金属性。

（二）准确认定票据业务的作用和价值，加强票据业务政策支持，提升票据服务实体经济效能

票据业务在商业银行经营中的价值不仅体现在财务价值上，还体现在客群、政策、社会贡献等方面的价值上。在当前票据市场环境下，受到票据业务信贷属性大幅增强的影响，票据资产收益率下降是商业银行需要面对的共性难题，一方面，各商业银行需要积极探索票据业务新的增长点；另一方面，从长远收益、综合收益方面考量和定位票据业务，用票据业务深度服务客户、支持小微企业和实体经济。建议可针对商业银行和监管层面重点支持的产业及企业类型，予以票据业务适当的定向政策支持，一是提升票据服务实体经济效能，二是在全市场波动下行阶段拓展增量业务，贡献长远价值收益。

（三）关注资金利率和信贷规模变化，推进票据交易智能化发展

自票交所成立以来，票据二级市场不断发展和完善，票据交易活跃度逐步提升，可将资金市场利率作为票据的基准利率中枢，规模溢价指标反映票据信贷属性，通过改变市场供需关系直接影响短期票据市场利率走势。通过分析资金利率和规模溢价指标变化，可判断票据市场利率走向，票据市场利率模型的量化分析将是未来票据智能化交易的基础。未来，建议票交所进一步探索会员机构共享全市场业务数据的机制，提升数据详细度和共享频度，助力票据市场交易标准化、智能化、规范化发展，票据业务作为重要的金融市场子市场，在支持服务实体经济、防范金融风险、深化金融改革等方面发挥更加积极的作用。

参考文献

[1] 宋汉光 . 服务构建新发展格局　推动票据市场“十四五”高质量发展——专访上海票据交易所董事长宋汉光先生 [J]. 中国货币市场，2021，000（005）: 6–10.

[2] 肖小和，王文静 . 新时代票据业务服务实体经济高质量发展 [J]. 金融与经济，2020(5).

[3] 汪武超，林竹青，王鹏程 . 票据利率分析方法及量化预测模型 [J]. 中国票据市场研究，2020(2).

[4] 中国工商银行票据营业部课题组 . 新形势下票据市场价格形成机制研究 [J]. 票据研究，2020(2).

[5] Dickey D A and W Fuller. Likelihood Ratio Statistics for Autoregressive Time Series with a Unit Root [J]. Econometrica, 1981 (49): 1057–1072.

试析金融机构票据资金业务

——从票据回购实务视角出发

■ 韩晓燕　黄家驹　胡景一[1]

摘　要： 自票交所成立以来，票据市场的稳步发展为企业融资提供了重要支持，为国内各类金融机构提供了多样化的投资渠道。其中，票据资金业务伴随着我国票据市场茁壮成长，与票据转贴现交易市场相伴相生，是银行间资金市场的重要组成部分。本文阐述并分析了国内金融机构票据资金业务的发展脉络、业务模式以及业务动机，并从票据回购业务排券的实践视角出发，通过线性规划方法提出了两种优化方案，为提高回购业务效率、降低操作失误等提供了较为快速、便捷的解决思路。

关键词： 票据资金业务；票据回购；回购排券

境内票据市场的发展历程可追溯至1979年，中国人民银行开始批准部分企业签发商业承兑票据。随后，票据市场的参与主体逐渐增多，票据市场不断扩大，金融机构积极投身票据贴现业务，创新产品不断涌现，交易活跃度大幅提升。随着票据市场的迅猛发展，社会资本高杠杆率操作、不合规经营等现象普遍存在，导致一系列重大案件和风险出现。为规范票据市场运营，防范风险，2016年人民银行牵头组建成立票交

[1] 作者简介：韩晓燕，珠海华润银行资金运营中心票据交易中心投资经理；黄家驹，中信证券固定收益部高级经理；胡景一，交通银行四川省分行金融同业部交易员。

所，票据市场进入稳步发展的快车道。目前，境内票据市场已成为重要的短期融资渠道，资金量接近20万亿元级别，交易量近200万亿元量级，二级市场流转迅速。

一、票据资金业务概况

（一）票据资金业务已成为金融机构短期融资的重要手段

票据交易参与主体多样化，包括商业银行、非银行金融机构等，票交所创设的中国票据交易系统接入会员已超过3000家，系统参与者超过10万家，为未来中国票据市场繁荣发展奠定了坚实的基础。随着票据市场快速发展，票据的功能早已从传统支付结算工具发展为融资、交易和投资工具。票交所的建立拓展了票据交易市场的深度，大大增加了票据流动性。目前，票据市场已经成为我国金融市场的重要组成部分，发展成为货币市场一个体量非常庞大的子市场。

自2020年以来，中国人民银行相继实施公开市场操作，包括下调存款准备金率和中期借贷便利（MLF）等，资金面相对宽松，进一步推动了票据回购市场的发展。根据票交所数据，2022年全市场票据回购交易金额合计29.90万亿元，同比增长30.14%，增速较上年提高15.16个百分点。其中，质押式回购交易为27.77万亿元，增长27.97%；买断式回购交易为2.13万亿元，增长66.98%。从机构类型看，证券公司、国有银行以及股份制银行回购交易金额同比分别增长80.28%、60.20%和58.45%；农村金融机构和城市商业银行交易金额分别增长19.15%和8.39%。从资金融出和融入方向看，国有银行和股份制银行是主要的资金融出方，城市商业银行、证券公司和农村金融机构是主要的资金融入方。

（二）金融机构票据资金业务模式

在中国银行间资金市场，票据质押式回购和买断式回购都是重要的短期货币市场产品。两种形式的票据回购为市场提供一定的流动性和资金调配功能，并为各类金融机构的票据经营提供了良好的融资工具。

买入返售和卖出回购都是银行间市场中常见的短期流动性管理工具。按交易方式不同，分为质押式回购和买断式回购。在交易中，交易员需要根据市场情况和风险控制需求所在，选择或调整回购标的与期限，构建符合头寸排布和利率优势的回购组合。

质押式回购，是一种以证券作为抵押品的短期借款方式。质押者将证券抵押给借款人，以换取短期资金，并在一定期限到期时再以还本付息的方式赎回抵押证券。质押标的可以是各种固定收益类证券，包括政府债券、债务工具、地方政府专项债等。同时，质押标的需要满足交易所或银行间市场设定的合规性要求，如信用评级、流动性等，以确保抵押物的可靠性和流动性。从其业务特性而言，一是期限方面，质押式回购通常以短期为主，一般为1天、7天、14天、28天等周期。不同期限息率也可能不同。二是利率方面，质押式回购利率通常会结合各种因素而变化，包括市场流动性、交易需求、央行政策等。如当市场利率较低时，7天期回购的利率可能比1天期回购更加有吸引力。

买断式回购，是一种融出拥有权利证券的拥有者（通常是金融机构）向另一个拥有流动性的机构（通常也是金融机构）出售这些证券，并在之后以原价买回这些证券的协议。这种交易实质上是一个出售和回购的合同，交易双方在交易时就商定了回购证券的价格和期限，这样的交易通常被称为回购协议。在买断式回购交易中，被出售的证券通常是拥有高流动性和易于市场出售的资产，如国家公债、债券、企业债券、同业存单等。买断式回购的特点是快捷、方便、灵活、安全、市场流动性高、收益率低。买断式回购作为一种短期的融资工具，被证券投资市场广泛采用。从机构来看，买断式回购参与者可以是商业银行、证券公司、保险公司、资产管理公司等金融机构；从目的来看，买断式回购可用于短期融资筹措、现金管理、资产组合规避风险等领域。同时，买断式回购的收益率相对于其他类型的短期融资工具较低，但它的流动性较高，可以灵活应用于短期资金调配。

二、开展票据回购是金融机构的天然选择

作为一种金融资产，票据具有资金属性。当票据产品被单独作为一个经营单元核算时，金融机构倾向于打通票据产品项下的资产与负债，进行一体化经营。

（一）票据回购在金融机构资金业务中特点明显

从银行资金成本的角度看，银行票据业务的资金来源，一是银行内部资金转移定价（FTP）；二是在银行间货币市场融资，包括同业拆借、质押式回购等，这两项通过

票据购买的成本影响票据利率。在货币市场中，与票据回购业务融通资金相近的业务有债券回购、同业拆借等（见表1）。

表1　各类型资金业务特点对比

项目	释义	期限	信用形式	灵活性
票据回购	银行及券商以票据作为质押融通资金进行回购交易，包括质押式回购与买断式回购	短则一日或几日，长则一个月或几个月	质押票据	高
同业拆借	金融同业之间进行短期资金拆借	一般比较短，多为一日或几日	信用拆借	低
债券回购	银行间以债券作为质押借贷资金进行回购交易，包括质押式回购与买断式回购	一般比较短，多为一日或几日	质押债券	较高

从2023年票交所发布的数据来看，票据回购平均利率相对较低，与货币市场资金利率较为接近。票据回购利率多以1天期、7天期为主，也有部分机构在利差锁定的情况下选择1个月以上的长期限品种。下面简要整理对比了2023年1天期、7天期银行间回购利率，票据回购利率一般参考存款类机构质押式回购加权利率（DR），一般情况下低于银行间质押式回购加权利率（R），也低于银行间同业拆借加权利率。

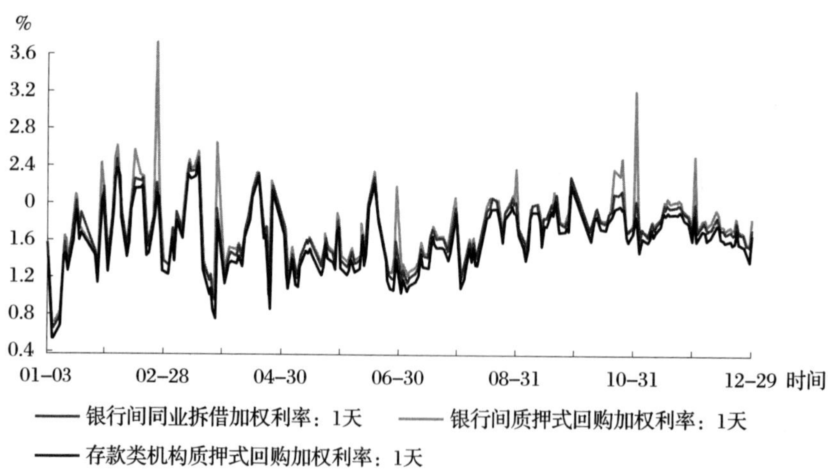

图1　2023年1天期银行间拆借及质押式回购利率

（资料来源：Wind）

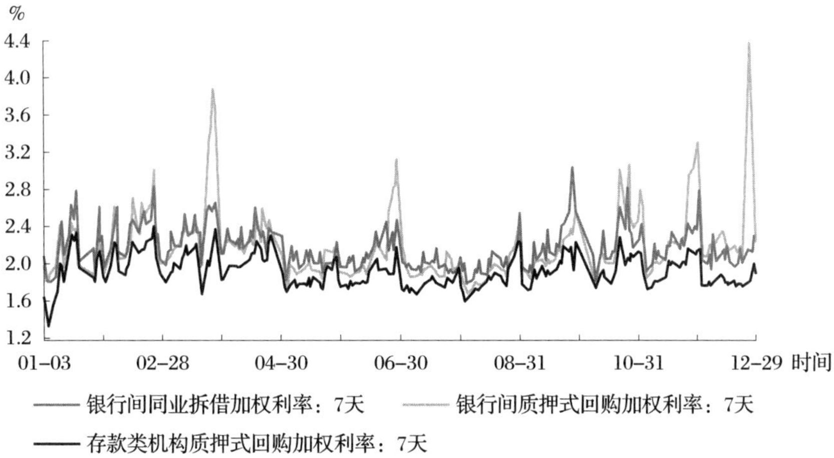

图2　2023年7天期银行间拆借及质押式回购利率

（资料来源：Wind）

票据回购业务相较于债券回购、同业拆借，拓宽了机构融通资金的渠道，较为有利地完善了货币市场融通资金的能力。金融机构开展票据回购交易，质押票据一般是国有股份制银行承兑汇票，风险系数小；在授信占用方面，机构可选择交易对手或承兑行信用，票据回购业务相较于债券回购和同业拆借，灵活性更强，为机构提供了更便捷融通资金的渠道；在期限选择方面，票据回购业务多以中短期为主，便于机构灵活摆布库存资产，最优化持票成本，为金融机构实现更多的持票收益。

（二）金融机构票据回购业务动机分析

1. 流动性管理需要

票据回购业务实质上就是资金业务，金融机构用来解决资金头寸，缓解资金压力。由于金融机构的资金头寸管理非常严格，每日业务资金必须平账，因此票据回购业务就承担了重要的角色，当金融机构资金短缺时，可以通过票据卖出回购的方式在市场融入资金。金融机构利用票据回购资金调整头寸资金，及时有效地缓解了计财的流动性压力，在日内及日终高效地解决资金头寸盈余与短缺问题，进而备受机构的青睐。

2. 控制资金成本

金融机构的每笔资产业务都需要匹配一笔资金。一般来说，期限越长，资金价格越高；期限越短，资金价格越低。因此，一笔长期限的票据资产，可以通过进行短期卖出回购的业务，调节资金结构、降低资金成本，进而实现赚取一定息差的目的。票据回购业务，一般是金融机构通过内部计价，根据资金成本差额进行考核，金融机构通过票据正回购业务，在融入价格较低的短期资金时，可以实现一定的盈利，赚取相应的息差收益，实质上是纯净息业务。

3. 维护交易对手

一般而言，金融机构通过票据正回购业务解决流动性紧张，通过票据逆回购业务赚取一定的息差，除此之外还可以实现对交易客户的关系维护。票据业务受规模因素及票据利率走势的影响，金融机构并不是每天都有配置意愿，票据转贴现业务开展相对较少的时候可以通过票据回购业务维护交易对手，增强客户的黏性，熟悉交易对手的客户特点，再进行转贴现交易时就可更加顺畅地完成交易。

4. 实现市场拓客

一些金融机构在开展票据业务的时候通过区分新客户与旧客户，实现拓展更多新客户的目的。对新客户适当地调低报价，吸引他们开展票据回购业务，实现交易业务零的突破，也有利于开展票据转贴现业务。通过票据回购业务开始票据交易业务，熟悉客户的交易特点，丰富了客户结构，便于后续全方位展开票据业务。

5. 灵活占用额度

票据回购业务一般是占用交易对手或承兑行的授信额度，相对较为灵活。从承兑行角度来说，一般质押物的信用主体为国有银行、股份制银行及大型城市商业银行承兑的票据，对大部分机构来说，授信相对充足。此外，质押回购的票据在占用承兑行授信额度的同时，也可以占用金融机构暂时未使用的授信，在机构需要配置时再通过票据回购额度的释放起到灵活调节授信占用的作用。

6. 提升市场活跃度

票据回购业务丰富了票据交易业务的品种，市场上较为活跃的金融机构大多都开展票据回购业务，既能增加票据业务量，又能提升金融机构的市场参与度及活跃度。

三、关于票据回购实务问题的思考——排券优化方案

（一）票据回购排券问题概述

票据回购是银行间回购的一个子品类，主要分为质押式回购和买断式回购两种，

其中质押式回购较为常见。与普通的质押式回购相比，票据质押式回购使用票据作为抵押物，使融资方在流动性较低时获得融资，并在回购期赎回票据。票据质押式回购的期限通常比较短，一般为1~90天，而利率则会随市场资金供求情况而波动。票据买断式回购则是一种将票据作为抵押物进行买卖断的回购交易，它是回购的一种特殊情况，即参与双方在交易完成时确定回购日期和回购价格。

针对国内票据市场，票据回购的交易员在日常交易中需要针对交易对手对票据承兑行的授信情况安排不同券种。具体的交易流程：票据回购交易员在银行间市场场外询价，平衡所需资金量与不同交易对手授信条件、交易利率、资金期限的约束条件，以获得当日头寸需求平衡状态下，融资成本相对低廉同时融资期限满足交易需求的解决方案。特别是在交易中需确认所排票据是否全部符合不同交易对手的不同需求，上述问题可以被抽象为一个线性规划问题。

为了表述更为简洁准确，本文中探讨的票据回购暂限定为质押式回购，需要注意的是买断式回购事实上与质押式回购在操作上近似，本文的成果也同样适用。此外，由于交易员在资金询价过程中不仅要综合考虑资金期限和利率要素，在确定某一家或某几家对手的融资总量时，往往还要考虑维护客户关系等非市场的复杂因素，故本文简化地认为资金交易员在制订从资金方融资方案时，已综合考虑了资金成本、期限要素与客户关系，作出了相对较优的判断。在该假设状态下，票据资金交易员会优先从资金成本相对低廉的对手借入，这一点也与业务开展的实际情况相符，即本文认为经过交易员框定头寸安排和达成初步交易意向后，从一定范围内的交易对手融入的资金量是一个确定值，且该值已经是一个预先优选的方案，不需要额外再进行优化。在业务实践中，票据回购常见的质押品属于国有银行、股份制银行和大型城市商业银行的承兑票据（见表2）。

表2是将26家承兑行不同数额的持仓票据按照对应的授信额度排给N个特定交易对手（表2中N=8）。

表2　某机构某日票据承兑主体情况样例

承兑行主体类型	承兑行主体	变量名称	票据金额（万元）	持仓占比（%）
政策性银行	中国进出口银行	Z_1	0	0.00
	中国农业发展银行	Z_2	0	0.00
	中国国家开发银行	Z_3	820	0.17

续表

承兑行主体类型	承兑行主体	变量名称	票据金额（万元）	持仓占比（%）
国有银行	中国农业银行	Z_4	23000	4.79
	中国建设银行	Z_5	44000	9.19
	中国工商银行	Z_6	13000	2.83
	交通银行	Z_7	24000	5.03
	中国银行	Z_8	22000	4.58
	中国邮政储蓄银行	Z_9	6000	0.12
股份制银行	平安银行	Z_{10}	72400	15.00
	中国民生银行	Z_{11}	30200	6.25
	中国光大银行	Z_{12}	45900	9.50
	兴业银行	Z_{13}	32120	6.65
	华夏银行	Z_{14}	25000	5.26
	中信银行	Z_{15}	75800	15.70
	上海浦东发展银行	Z_{16}	46900	9.71
	招商银行	Z_{17}	8240	1.71
	广发银行	Z_{18}	9430	1.95
	浙商银行	Z_{19}	0	0.00
城市商业银行	江苏银行	Z_{20}	0	0.00
	上海银行	Z_{21}	0	0.00
	南京银行	Z_{22}	7500	1.55
	北京银行	Z_{23}	0	0.00
	宁波银行	Z_{24}	0	0.00
其他备用	其他1	Z_{25}	0	0.00
	其他2	Z_{26}	0	0.00
总计			486310	100.00

当日排券的可行方案用矩阵X表示，其中元素$x_{i,j}$为向第i个资金行质押第j种银行承兑票据的数量，转化为公式表达：

$$X=\begin{bmatrix} x_{1,1} & x_{1,2} & \cdots & x_{1,25} & x_{1,26} \\ x_{2,1} & \ddots & & & x_{2,26} \\ \vdots & & x_{i,j} & & \vdots \\ x_{n-1,1} & & & \ddots & x_{n-1,26} \\ x_{n,1} & x_{n,2} & \cdots & x_{n,25} & x_{n,26} \end{bmatrix} \tag{1}$$

同时，已知从n家资金方融入的资金量情况为Y，即

$$Y=\begin{bmatrix} y_1 \\ y_2 \\ \vdots \\ y_n \end{bmatrix} \tag{2}$$

C机构某日票据持仓的承兑主体情况为Z_1，Z_2，…，Z_{26}。

且x, y满足

$$\sum_{i=1}^{n}\sum_{j=1}^{26} x_{i,j} \geqslant \sum_{k=1}^{n} y_k \tag{3}$$

约束条件为

$$①\begin{cases} x_{1,1}+x_{2,1}+\cdots+x_{n,1} \leqslant Z_1 \\ x_{1,2}+x_{2,2}+\cdots+x_{n,2} \leqslant Z_2 \\ \vdots \\ x_{1,26}+x_{2,26}+\cdots+x_{n,26} \leqslant Z_{26} \end{cases} \tag{4}$$

$$②\begin{cases} x_{1,1}+x_{1,2}+\cdots+x_{1,26} = y_1 \\ x_{2,1}+x_{2,2}+\cdots+x_{2,26} = y_2 \\ \vdots \\ x_{n,1}+x_{n,2}+\cdots+x_{n,26} = y_n \end{cases} \tag{5}$$

公式（3）表示质押物应该足量，即全部持仓的票据总量应该大于等于总的融资量。

公式（4）表示当日所有被质押出去的第i种银行承兑汇票不能超过持仓的该种票据上限Z_i，即不能出现押空券。

公式（5）表示向第n个资金行融入的资金量y_n等于向该资金行排布的26种承兑汇票的金额之和。

（二）票据回购排券方案优化

为了更为直观地展示，本文提供了一个具体案例：

约束条件为

$$\begin{cases} x_{1,1} \leqslant 10 \\ x_{2,2} = 5.5 \\ x_{2,3} \leqslant 5.5 \\ x_{2,10} = 1.5 \\ \quad \cdots \\ x_{6,22} = 0 \\ x_{7,22} = 0 \\ x_{8,22} = 0 \\ \forall x_{i,j} \geqslant 0 \end{cases} \tag{6}$$

公式（6）表示当日各资金行授信额度的具体限制，例如：

$x_{1,1} \leqslant 10$表示向第1家资金行质押的第1种银行票据额度小于等于10亿元；

$x_{6,22}=0$表示向第6家资金行质押的第22种银行票据额度应该等于零；

$\forall x_{i,j} \geqslant 0$表示该排布方案中的元素均非负，不能出现小于零的情况。

考虑到在实际交易中，一种情形是集中化的排券，即尽可能多地将同类承兑行的票据排布给相同的交易对手，排布的券种将形成若干个整包，有利于减小交易员筛选的工作量。另一种情形是尽可能分散地将票据排出给所有交易对手，这样可以在交易对手临时出现额度紧张时进行微调，降低偶发事件风险。

此时，通过引入一个二元（0，1）矩阵K，当矩阵X中的元素$x_{i,j}$大于零时，对应矩阵K中的元素$k_{i,j}$值为1；同时，当矩阵X中的元素$x_{i,j}$等于零时，矩阵K中的元素$k_{i,j}$值为零。

通过目标函数最大化或者最小化矩阵K的元素之和，即可实现分散化和集中化排券的操作。

集中化排券对应的目标函数：

$$\text{Min}\sum_{i=1}^{n}\sum_{j=1}^{26} k_{i,j} \tag{7}$$

分散化排券对应的目标函数：

$$\text{Max}\sum_{i=1}^{n}\sum_{j=1}^{26} k_{i,j} \tag{8}$$

将上述各线性约束通过Python编码，运用线性规划函数即可解得若干组可行的解决方案，程序运行结果如表3、表4所示。

表3 集中式排券样例

	资金方1	资金方2	资金方3	资金方4	资金方5	资金方6	资金方7	资金方8
承兑行1	0.0	0.0	0.0	0.0	0.0	0.0	0.0	0.0
承兑行2	0.0	5.5	0.0	0.0	0.0	0.0	0.0	0.0
承兑行3	0.0	0.0	0.0	0.0	20.1	0.0	0.0	0.0
承兑行4	0.0	0.0	0.0	0.0	0.0	0.0	40.0	0.0
承兑行5	0.0	0.0	0.0	0.0	0.0	0.0	0.0	0.0
承兑行6	0.0	0.0	0.0	0.0	0.0	0.0	0.0	20.0
承兑行7	0.0	0.0	0.0	30.0	0.0	0.0	0.0	0.0
承兑行8	0.0	0.0	0.0	0.0	0.0	40.0	0.0	0.0
承兑行9	0.0	0.0	0.0	0.0	0.0	0.0	0.0	0.0
承兑行10	0.0	1.5	0.0	0.0	0.0	0.0	0.0	0.0
承兑行11	20.5	0.0	0.0	0.0	0.0	0.0	0.0	0.0
承兑行12	40.0	0.0	0.0	0.0	0.0	0.0	0.0	0.0
承兑行13	0.0	0.0	0.0	0.0	0.0	0.0	0.0	0.0
承兑行14	0.0	0.0	0.0	0.0	0.0	0.0	0.0	0.0
承兑行15	0.0	23.5	0.0	0.0	0.0	0.0	0.0	0.0
承兑行16	0.0	0.0	30.2	0.0	0.0	0.0	0.0	0.0
承兑行17	0.0	0.0	0.0	0.0	0.0	0.0	0.0	0.0
承兑行18	0.0	0.0	0.0	0.0	0.0	0.0	0.0	0.0
承兑行19	0.0	0.0	0.0	0.0	0.0	0.0	30.0	0.0
承兑行20	0.0	0.0	40.0	0.0	0.0	0.0	0.0	0.0
承兑行21	0.0	0.0	0.0	0.0	0.0	0.0	0.0	0.0
承兑行22	0.0	0.0	0.0	20.0	0.0	0.0	0.0	0.0
承兑行23	0.0	0.0	0.0	0.0	0.0	0.0	0.0	30.0
承兑行24	0.0	0.0	0.0	0.0	0.0	40.0	0.0	0.0
承兑行25	0.0	0.0	0.0	0.0	0.0	0.0	0.0	0.0
承兑行26	0.0	0.0	0.0	0.0	0.0	0.0	0.0	0.0

表4 分散式排券样例

	资金方1	资金方2	资金方3	资金方4	资金方5	资金方6	资金方7	资金方8
承兑行1	1.0	0.0	1.0	1.0	0.0	5.0	1.0	1.0
承兑行2	1.0	5.5	1.0	1.0	1.0	1.0	1.0	8.5
承兑行3	1.0	1.0	1.0	1.0	1.0	23.0	1.0	1.0

续表

	资金方1	资金方2	资金方3	资金方4	资金方5	资金方6	资金方7	资金方8
承兑行4	1.0	1.0	1.0	1.0	1.0	1.0	1.0	1.0
承兑行5	1.0	1.0	1.0	1.0	0.0	4.0	1.0	1.0
承兑行6	1.0	1.0	1.0	1.0	1.0	1.0	13.0	1.0
承兑行7	1.0	1.0	1.0	23.0	1.0	1.0	1.0	1.0
承兑行8	1.0	1.0	1.0	1.0	0.0	1.0	1.0	1.0
承兑行9	1.0	1.0	1.0	1.0	0.0	1.0	1.0	1.0
承兑行10	1.0	1.5	1.0	1.0	1.0	1.0	1.0	1.0
承兑行11	1.0	1.0	1.0	1.0	1.0	1.0	1.0	1.0
承兑行12	12.7	1.0	1.0	1.0	0.0	1.0	1.0	14.6
承兑行13	1.0	1.0	1.0	3.0	1.0	1.0	1.0	1.0
承兑行14	1.0	1.0	1.0	1.0	1.0	1.0	13.0	1.0
承兑行15	11.8	1.0	12.2	1.0	1.0	1.0	1.0	1.0
承兑行16	1.0	1.0	1.0	1.0	1.0	1.0	1.0	1.0
承兑行17	1.0	1.0	1.0	1.0	1.0	1.0	1.0	1.0
承兑行18	13.0	1.0	1.0	1.0	1.0	1.0	1.0	1.0
承兑行19	1.0	1.5	1.0	1.0	1.0	1.0	1.0	1.0
承兑行20	1.0	1.0	34.0	1.0	0.0	1.0	1.0	1.0
承兑行21	1.0	1.0	1.0	1.0	1.0	1.0	1.0	1.0
承兑行22	1.0	1.0	1.0	1.0	1.0	1.0	12.1	1.9
承兑行23	1.0	1.0	1.0	1.0	1.0	1.0	1.0	1.0
承兑行24	1.0	1.0	1.0	1.0	1.1	26.0	7.9	1.0
承兑行25	1.0	1.0	1.0	1.0	1.0	1.0	1.0	3.0
承兑行26	1.0	1.0	1.0	1.0	1.0	1.0	3.0	1.0

四、小结与展望

票交所成立后，票据承兑和贴现发生额持续增长，市场结构也发生巨大变化，商票占比逐年提升。2020年，票据市场进一步电子化，全市场票据业务总量同比增长16.65%，各项业务规模持续扩大。从国内票据市场最新宏观数据来看，2023年，商业汇票交易量为104.88万亿元，同比增长19.0%。从分项数据来看，转贴现规模为73.45万亿元，同比增长26.2%；回购交易量为31.42万亿元，同比增长5.1%，保持了持续增长的态势。在票据回购融资业务的具体实践中，金融机构在处理非标准化的票据持仓时，需要按照交易对手随时变化的授信状况进行质押票排布。本文为经营机构在微观实操层面提供了快速排券的便捷可选方案，能够指导交易执行人员进行高效的规划质押品排布，有助于降低操作风险并提升工作效率。

票据业务兼具信贷和资金业务双重属性，票据市场成为信贷市场、货币市场资金流动的重要渠道。票据市场作为货币市场重要子市场之一，从短期资金融通、金融资产定价、信用形式发展及货币政策传导等方面完善和加强货币市场功能，助力货币市场更好地实现其功能。票交所上线运行后，在人民银行、证监会等监管机构的许可下，证券公司、基金公司、资管计划公司等非银机构陆续接入票交所，成为中国票据二级市场的活跃参与者。金融机构通过开展票据回购业务可以更好地管理流动性，控制资金成本，维护和拓展客户关系，灵活运用授信额度，以及提升市场活跃度，是金融机构在市场竞争中寻求更高效率和更大效益的重要策略。一方面，对于传统经营票据全产业链的银行类机构而言，票据资金业务已经是直贴、转贴一体化经营发展中不可或缺的一部分，不同规模体量的银行均能在市场中发挥自身优势特质，找准经营定位。另一方面，对于以证券公司为代表的非银机构而言，票据资产是可投资的高流动性、低风险性的优质产品，目前非银机构所涉业务仅限于二级市场流转层面，后续或许将引入票据经纪类业务、票据资产支持证券等新板块。特别是票据具有可质押性较强的特性，非银机构能够灵活摆布资产负债期限，相对稳健地实施套息策略，在业务经营中开辟新的利润增长点。

参考文献

[1] 上海票据交易所 . 2019 中国票据市场发展报告 [R]. 2020.

[2] 上海票据交易所 . 2020 中国票据市场发展报告 [R]. 2021.

[3] 上海票据交易所 . 2022 中国票据市场发展报告 [R]. 2023.

[4] 上海票据交易所 . 2023 年票据市场运行情况 [R]. 2024.

新能源汽车行业商业汇票业务拓展探究

■ 宋珍珍[1]

摘　要：近年来，中央和地方陆续出台了一系列支持新能源汽车行业发展、促进汽车消费的政策，新能源汽车市场增长趋势有望延续。商业汇票业务因其期限短、流转快的特性，能够很好地满足汽车行业多场景的支付融资需求。本文梳理商业汇票业务在汽车行业中的应用，分析当前在新能源汽车行业大力发展商业汇票业务的机遇，并提出商业银行在新能源汽车行业发展商业汇票业务的实施路径，包括加强授信支持、灵活报价机制、打造创新产品、提升风险管理等，紧密贴合市场趋势和客户需求，多管齐下升级银行服务和业务系统，更好地推动绿色金融、绿色票据业务的高质量发展。

关键词：绿色金融；新能源汽车行业；商业汇票

汽车行业具有天然的供应链属性，能够带动钢铁、橡胶、玻璃、机械等多个相关行业的发展，在国民经济中扮演了重要的角色。我国汽车产销总量已经连续14年稳居全球第一，近年来，我国汽车行业对国民工业总收入的贡献度逐年上升，发挥了越来越重要的作用。

---

[1] 作者简介：宋珍珍，中国银行总行交易银行部产品经理。

发展新能源汽车，是我国从汽车大国迈向汽车强国的必由之路，是应对气候变化，实现“2030年碳达峰、2060年碳中和”承诺，推动绿色发展的重要战略举措。如何顺应新能源产业发展，更好地提供绿色金融服务是当前金融机构面临的重要课题。

一、新能源汽车行业结算融资场景和商业汇票的应用

汽车行业全产业链围绕整车汽车生产、销售，包括原材料—零部件生产—整车生产—经销商流通—终端销售等环节，涉及上游汽车零部件供应商、中游核心厂商、下游汽车经销商及终端汽车消费者等经济实体集群。

因交易主体多、链条长，汽车行业产业链涉及多种结算融资需求。银行和非银金融机构可提供一系列面向汽车零部件供应商、核心厂商、汽车经销商及终端汽车消费者的综合金融产品和服务，包括固定资产贷款、流动资金贷款、供应链融资、套期保值、保险、投资、上市、发债等，通过贯穿货物流与资金流，将产业链上下环节有机结合起来。其中，股票、债券、ABS等融资工具门槛高、要求多，只适合汽车产业链中的大中型企业。而商业汇票业务凭借其期限短、流转快的特性，能够很好地满足汽车行业多场景的支付融资需求，是汽车行业中适用范围更广、简捷易行的融资工具。

与传统汽车相比，新能源汽车不仅改变了动力来源，而且正在逐步重塑上游产业链，带来增量空间。新能源汽车行业涉及的上下游细分行业如表1所示。

表1　新能源汽车行业上下游细分行业

产业链环节	行业
上游	新能源金属行业（锂钴镍）
	锂电池材料行业
	锂离子动力电池行业
中游	新能源汽车整车制造行业
下游	充电桩行业

商业汇票在新能源汽车行业中的应用，根据产业链不同环节，主要应用场景如下。

（一）生产环节：上游供应商办理商业承兑汇票贴现

汽车产业链的核心是整车生产企业，议价能力较强，对其上游企业的主要结算方式为商业承兑汇票，账期一般较长。新能源汽车产业链的上游企业指锂电池等汽车零部件及配件的制造企业，容易因核心企业的支付账期较长而出现流动资金周转紧张。银行一般以整车生产企业为授信主体核定贴现额度，承诺为汽车生产商承兑的、零部件供应商持有的商业承兑汇票办理贴现业务。上游企业通过办理票据贴现快速获取资金，提高资金周转效率。

（二）流通环节：向下游汽车经销商开立银行承兑汇票

新能源汽车产业链的下游即汽车经销商，与汽车生产企业相比议价能力弱，一般要提前支付大部分或全部采购货款，融资需求强烈。这种业务场景下，银行一般以整车生产企业为授信主体，与汽车经销商、整车厂签订三方协议，由银行给予汽车经销商资金支持，经销商签发银行承兑汇票给整车厂，生产商收到后将货物发送至第三方监管公司，并将提单或仓单交付银行，在经销商付款或支付保证金后，银行通知第三方物流公司发货。

（三）其他场景

除了传统的票据承兑、贴现业务，汽车产业链还有多种票据业务需求场景。例如，由于汽车行业较多地使用商业汇票结算，汽车产业链企业特别是核心企业一般会大量持票，需要专业的金融机构为其提供票据托管服务。同时，为了满足不同金额的支付场景，中游企业常常需要先质押收到的大额承兑汇票，然后开出多张金额较小的票据用于对外支付，产生票据置换业务需求。

二、大力发展新能源汽车行业商业汇票业务的机遇

近几年，特别是自2023年以来，中央和地方先后出台了一系列支持新能源汽车行业发展、促进汽车消费的政策，为新能源汽车市场增长持续释放政策红利。自票交所成立以来，票据市场不断完善基础设施建设，推出了一系列面向普惠、绿色企业的创新产品，也能够很好地满足新能源汽车行业的结算融资需求。

（一）国家大力发展绿色产业的相关政策

近年来，中央和地方陆续出台了一系列支持新能源汽车行业发展、促进汽车消费的政策，新能源汽车市场增长趋势有望延续。2023年4月28日，中共中央政治局分析研究当前经济形势和经济工作时提出，要发挥新能源汽车发展优势，加快推进充电桩、储能等设施建设和配套电网改造。2023年5月5日，国务院常务会议提出，进一步优化支持新能源汽车购买使用政策，鼓励企业丰富新能源汽车供应。2023年6月2日，国务院常务会议研究了促进新能源汽车产业高质量发展的政策措施。2023年7月下旬，中共中央政治局召开会议，在部署下半年经济工作时明确提出要提振汽车等大宗消费。国家发展和改革委员会等13部门印发了《关于促进汽车消费的若干措施》，提出10条稳定和扩大汽车消费的具体举措。

（二）票据市场有利的政策环境和业务平台

1. 票交所票据信息披露平台

2020年1月16日，票交所上线试运行了票据信息披露平台。根据人民银行公告要求，对于不按规定进行信息披露的商业承兑汇票，金融机构不得为其办理贴现、质押、保证等业务。监管部门的要求和市场平台的搭建，大大提升了商业承兑汇票的透明度和公信力，有效提高了商业承兑汇票的市场认可度和接受度。票交所票据信息披露平台的搭建，为新能源汽车行业中商业承兑汇票的使用提供了有利市场环境。

2. 供应链票据平台

2020年，票交所为响应人民银行“应收账款票据化”指导要求，上线了供应链票据平台，对市场上的供应链金融平台进行整合，提高了通过供应链金融平台开出的供应链票据的流通性。截至目前，票交所供应链票据平台中还没有汽车行业供应链金融平台。未来，整车生产企业可通过搭建供应链金融平台，通过供应链票据提高企业商业承兑汇票的流通性和便利性。

（三）票据市场基础设施的创新产品

近几年，票交所陆续推出了一系列创新产品，对于服务普惠小微客户、贯通供应链上下游业务起到了良好的促进作用。例如，为解决中小微企业票据资信度不高问题、加强中小微企业票据流通性，票交所于2019年上线投产了票付通产品。2022年，票交所在新一代票据系统中投产了可拆分新型票据，赋予了商业汇票可媲美现金的“找零”功能。这些创新产品在汽车产业链中用途广泛，可通过票付通打通汽车上下游企业、帮助汽车产业链固链、补链、强链、塑链，而可拆分信息票据则可在很大程度上取代票据置换业务，减轻企业融资成本，提高业务效率。

三、票据业务支持新能源汽车产业高质量发展的的思路和建议

金融机构可以将新能源汽车行业作为重要抓手，积极探索“新能源+绿色金融”服务模式，大力发展绿色金融业务。对于票据业务而言，一是加强授信支持，明确绿色票据业务的激励约束机制并制订完善的新能源汽车行业政策；二是深入分析企业需求并加强客户精细化管理，根据不同企业的差异化需求制订灵活报价机制；三是从制度和系统同时入手，加大产品创新，打造推出专属的绿色汽车票据融资产品；四是从行业和企业层面入手，提升业务风险防控，助力做好绿色金融大文章。

（一）加强授信支持

金融机构在制订绿色金融政策时，应当明确办理绿色票据业务的激励约束机制，加强政策研习，充分运用最新政策对绿色票据业务的支持。同时，新能源汽车的产业结构比普通汽车行业具有鲜明的特点，金融机构应当制订新能源汽车行业专属的信贷政策，明确客户准入标准，根据客户融资结构、用途、期限、还款方式等不同融资需求，提供适配的银行产品，为企业节约融资成本、提升资金周转效率。

（二）灵活报价机制

在票据融资市场上，汽车产业链的客户往往对贴现利率较为敏感。汽车行业头部集团一般对贴现业务采取竞价机制，集团财务人员会“货比三家”，通过大量询价掌握市场报价行情，要求金融机构以市场最低利率为其办理贴现业务。部分汽车经销商客户甚至要求贴现价格采用“一月一报价”的固定利率模式。金融机构应当做好客户分层管理，在综合考量资金成本、市场行情、企业综合收益等因素的前提下，根据不同车企的个性化要求实行差异化报价机制。同时，金融机构应积极加强与人民银行当地分支机构的沟通，充分运用绿色票据再贴现便利政策开展直贴业务。

（三）打造创新产品

1. 买方付息承兑贴现一体化产品

整车生产企业是汽车产业链的核心，其下游经销商以银行承兑汇票向其进行支付后，整车生产企业办理贴现一般要求经销商支付贴现利息，即银行为核心企业办理买方付息的贴现业务。为了操作便利，整车生产企业常常希望通过金融机构网上银行收到经销商的银承汇票后，系统能自动为其办理贴现业务。部分金融机构已通过签订“总对总贴现委托协议＋买方付息承诺函”模式实现开票后收票贴现全流程线上自动化处理，可大大简化三方的操作环节。金融机构可在汽车行业中推广此类做法，研究委托贴现买方付息的可行性，通过“协议约定＋系统改造”，提升客户体验。

2. 特色票据池业务

新型可拆分票据的诞生，对金融机构原有的票据池业务形成一定的冲击，如大票换小票业务需求将会减弱。新形势下，金融机构继续发展票据池业务需要转换思路，提升票据资产管理理念。具体而言，可从提供基本功能服务转向提供更多的增值服务，根据不同企业需求，为企业量身定做个性化统计服务和功能展示，从不同维度推出数据报表和图表，便于客户管理池中票据资产。

（四）提升风险防控

1. 行业风险管控

新能源汽车零部件产品、技术持续更新迭代，面临着行业格局变化、技术变革的风险。金融机构应密切关注国家新能源汽车产业政策、行业资讯和相关风险事件，力求尽早发现新能源汽车行业和涉及客户的风险苗头并制订相应对策。

2. 企业经营风险

票据业务同一般银行授信业务一样，需要特别关注汽车产业链上下游企业的信用风险。金融机构为上下游中小企业办理票据业务时，往往依托中游核心企业的授信额度，核心企业的风险会通过供应链向上下游企业传播。因此，金融机构对于核心企业的信用风险管控至关重要，应当建立健全完善的信用风险预警机制，密切关注授信企业特别是核心企业的经营状况，定期分析企业的财务报告，通过定期走访掌握企业发展规划，及时发现经营状况不良信号并及早采取措施。

3. 关联企业自开自贴套利风险

汽车行业产业链中上下游企业常常存在许多关联公司，这些关联公司基于业务往来存在大量的结算需求，结算方式包括国内证、银行承兑汇票等。

金融机构在为这些集团关联公司办理承兑、贴现业务时应着力考察两方面因素：一是票据业务的贸易背景真实性，票据承兑期限应与企业资金周期匹配，防范关联公司构造贸易背景套取银行融资；二是关注承兑业务保证金利率是否与贴现利率存在倒挂，在业务管理中应从保证金存款利率和贴现利率两个维度入手，加强存贷款利率定价管理，从金融机构内部职责设置上形成一定的制衡，防范关联公司利用存贷利差进行套利，特别是防范个别机构工作人员为盲目追求绩效考核完成率，帮助企业构造贸易背景以虚增存贷款规模的情形。

参考文献

[1] 陈曦 . 金融支持我国新能源汽车产业的思考及政策建议 [J]. 现代商业，2022（11）: 35–37.

[2] 胥爱欢，赵俊豪，杨思睿 . 广东供应链金融支持新能源汽车发展的模式、困难及建议 [J]. 广东经济，2022（8）: 20–27.

[3] 肖小和，等 . 新时代中国票据市场研究 [M]. 北京：中国金融出版社，2022.

2023年票据市场运行情况回顾与2024年市场展望

■ 中国工商银行票据营业部管理信息部

摘　要： 2023年，国家加大逆周期政策调控，促进经济总体恢复发展，商业银行严格贯彻落实票据新规各项监管要求，加大票据业务经营力度，票据承兑和贴现业务同比增长，国有银行汇票承兑业务增幅高于中小银行，下半年票据业务进一步回暖，票据融资规模和票贷比连续回落后企稳回升；银行间票据交易活跃，转贴活跃度高于回购交易。同期，票据贴现和转贴现利率总体先升后跌，票据回购利率波动回升，第二季度以来票据收益率与同业存单收益率倒挂，第四季度票据与同业存单收益率倒挂利差扩大。下阶段，逆周期政策加快落地显效和经济加快恢复，将有助于提升制造业供应链企业票据需求，票据融资利率总体维持低位波动运行。资本新规的正式实施对票据市场影响显现，银行加大票据业务经营结构优化调整，票据利率分层现象或有所显现。

关键词： 商业汇票；贴现；承兑；资本新规

一、票据市场运行情况概述

2023年，国家加大逆周期政策调控力度，央行坚持稳健的货币政策，保障流动性合理宽裕，引导银行加大信贷支持力度，宏观经济总体恢复增长，推动企业票据需求回暖。同期，商业银行加大信贷投放和统筹票据融资业务经营，全年汇票承兑业务和贴现业务同比双双增长，下半年承兑和贴现业务比进一步活跃。在流动性合理宽裕和票据承兑贴现业务增长的市场环境下，银行间票据交易活跃，转贴现交易增幅高于逆回购交易增幅。2023年1月1日，《商业汇票承兑、贴现与再贴现管理办法》（以下简称票据新规）正式实施，国有银行商业汇票承兑业务增幅高于中小银行，金融机构汇票承兑业务回归稳健。票交所进一步推动信息披露制度建设完善，承兑持续违约企业数据整体下降，但年中经济波动下，第四季度承兑逾期企业数量比低点有所反弹。

二、票据业务发展情况

（一）承兑业务

1. 承兑业务同比增长，下半年承兑业务活跃度上升

2023年，在人民银行加大逆周期调节力度、保持流动性合理宽裕、促进经济总体波动恢复的背景下，企业签票用于支付结算和融资的需求回暖，汇票承兑量同比增长。根据票交所披露数据（下同，另有注明的除外），2023年，全市场汇票承兑额为31.3万亿元，同比增长约14.4%。下半年，央行加大逆周期政策调节，票据新规下票据期限缩短使下半年票据到期量增加，企业签票和银行承兑的活跃度进一步提升。第三季度和第四季度汇票承兑额分别为8.7万亿元和10.2万亿元，同比分别增长36.4%和47%。第四季度承兑活跃度达到全年高位，11月和12月承兑额分别为3.5万亿元和4万亿元，分别为全年单月承兑额次高和最高（见图1）。

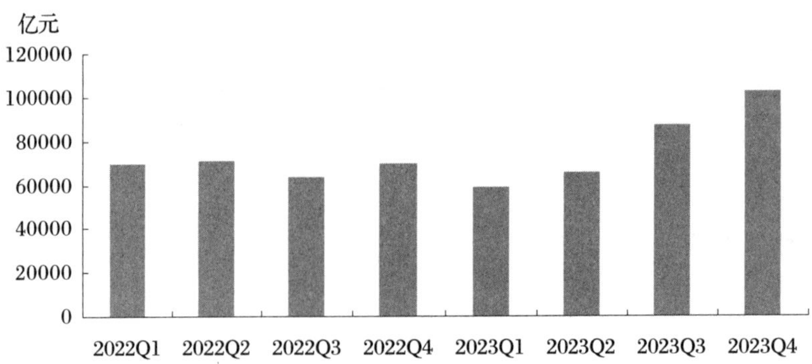

图1　2022—2023年各季度承兑额

2. 国有银行承兑业务增幅高于中小银行，财票和商票承兑业务分化

2023年，票据新规正式实施，规定银票和财票承兑人最高承兑规模不得高于该承兑人总资产的15%、承兑保证金不超过存款总额的10%，中小银行承兑汇票业务更趋谨慎，国有银行承兑业务获得更多市场空间。2023年，国有（含政策性）银行承兑量合计6.93万亿元，同比增长31%；股份制银行和城市商业银行承兑量分别为11.6万亿元和6.8万亿元，同比分别增长11%和16.3%。同期，因经济恢复进程中不同类型用票行业企业恢复情况的差异，财票和商票市场表现有所分化。受益于大型集团企业恢复好于整体经济，集团企业财务公司签票支付和贴现需求增多，全年财票承兑额为2.7万亿元，同比增长200%。因部分使用商票较为集中的行业（主要为房地产及其上下游行业企业）调整，商票使用量下降，全年商票承兑额为1.6万亿元，同比下降54%（见图2）。

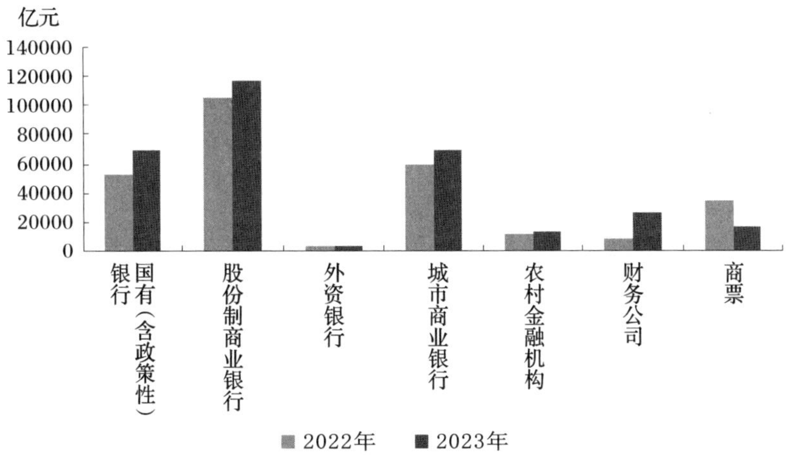

图2　国有（含政策性）银行与中小银行承兑额

（二）票据融资业务

1. 贴现额同比增长，第四季度贴现活跃度全年最高

2023年，全市场贴现额为23.8万亿元，同比增长22.3%。第一季度和第二季度，银行更加侧重信贷业务，全市场贴现量分别为3.9万亿元和5.05万亿元，同比分别减少约19%和7%。下半年，央行加大逆周期政策调节，叠加票据新规正式实施后的票据期限缩短效应，银行贴现业务活跃度提升，第三季度和第四季度贴现额分别为6.65万亿元和8.2万亿元，同比分别增长51.4%和69%；第四季度贴现活跃度达到全年高位，11月和12月贴现额分别为2.8万亿元和3.2万亿元，分别为全年单月贴现额次高和最高。2023年，银行票据需求旺盛，全年贴现承兑比约76%，比上年高出4.8个百分点，第二季度

以来，贴现承兑比（除4月和9月外）均运行在75%上方，12月贴现承兑比为78.57%，同比提升10.55个百分点（见图3）。

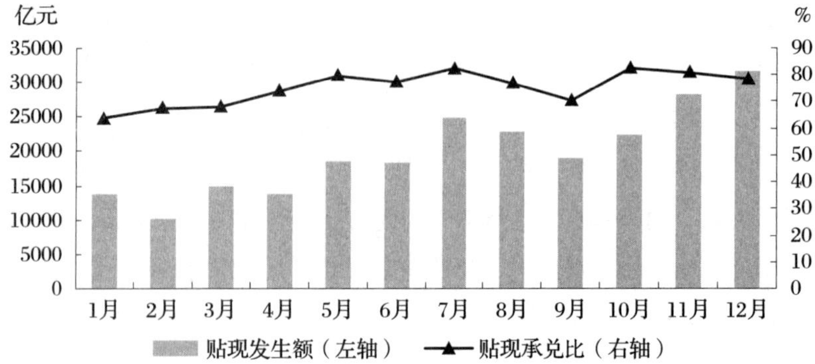

图3 2023年第四季度贴现业务活跃度年内最高，贴现承兑比高位波动

2. 票据融资规模上半年回落下半年波动增长

2023年，在经济总体恢复和年中增长动能放缓的背景下，主要商业银行根据信贷需求变化统筹票据融资业务经营。上半年，在经济总体恢复发展和流动性宽裕的背景下，商业银行着力经营信贷业务和适度开展票据融资业务，票据融资规模波动减少。下半年，经济恢复动能放缓，央行加大逆周期政策调节力度，银行加大贴现业务支撑信贷投放，票据承兑和贴现业务活跃度高于上半年，贴现贷款比回升。根据央行披露的金融数据，截至12月末，票据融资规模为13.2万亿元，比上年末增长3410亿元，增幅为2.7%。其中，上半年票据融资合计下降8924亿元，降幅为6.97%，下半年票据融资合计增长1.23万亿元，增幅为10.35%。截至12月末，票据融资在各项贷款中占比为5.53%，比上年末下降0.46个百分点，比6月末上升0.36个百分点（见图4）。

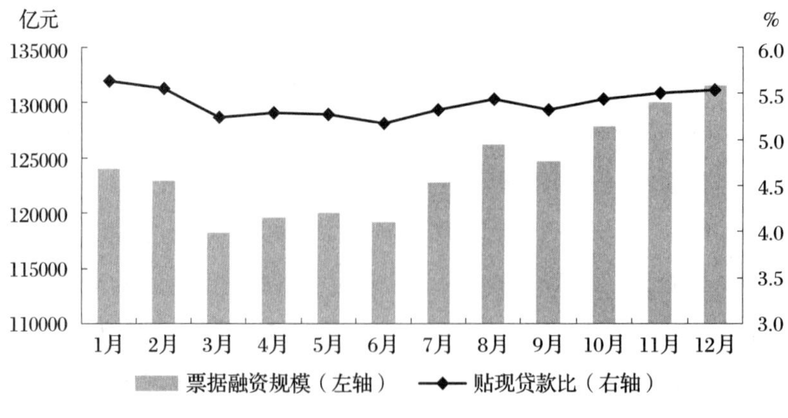

图4 2023年上半年票据融资回落下半年增长，票贷比高位区间震荡运行

（三）票据交易业务

2023年，在信贷政策加码和流动性合理宽裕的市场环境下，银行间票据交易活跃度整体回升，全市场票据交易额为70.3万亿元，同比增长9.2%。同期，银行为便于调节信贷规模，更为青睐规模内转贴现交易，全年转贴现和回购交易额分别为38.8万亿元和31.4万亿元，同比分别增长12.7%和5.2%。第一季度，银行集中使用信贷资金，票据交易同比回落，全市场票据交易额为14.08万亿元，同比下降8220亿元，降幅5.5%。第二季度，在信贷增速回落背景下，银行加大票据交易，票据交易环比升温，票据交易额为18.95万亿元，同比增长1.22万亿元，增幅为6.9%，环比增长4.88亿元，增幅为34.6%。下半年，在央行加大逆周期调控政策力度和改善流动性的背景下，银行加大转贴现票据交易，票据交易进一步活跃，第三季度和第四季度票据交易额分别为19.7万亿元和17.5万亿元，同比分别增长15.1%和19.8%（见图5）。

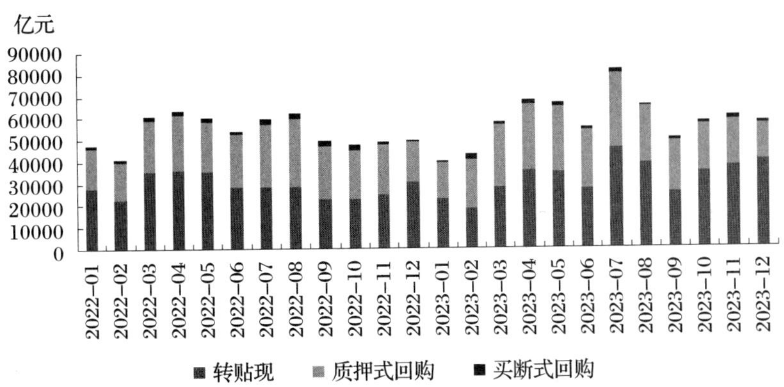

图5　2022—2023年票据交易业务情况

三、票据市场利率运行情况

（一）票据贴现和转贴现月均利率先升后跌，贴现利率与LPR利差先收窄再扩大

2023年，在市场流动性合理宽裕的背景下，票据贴现利率受信贷投放的牵引作用较为明显，呈现第一季度回升后总体波动下行的走势。第一季度，在经济恢复预期高涨和流动性宽裕的背景下，银行加大信贷投放力度，票据业务放缓，贴现利率自上年末低点持续反弹，3月银票贴现月平均利率为2.5833%，比上年12月涨升112.53BP，

为全年最高。第二季度以来，经济恢复动能减弱和贷款需求增速放缓，银行加大票据贴现业务信贷调节力度，票据贴现月平均利率除6月、9月在季度末因素作用下反弹之外，其他月份以下跌走势为主。12月，银票贴现月平均利率为1.3138%，比上年末下跌14.42BP，比3月下跌约127BP。与贷款基准利率相比，银票贴现利率与1年期贷款报价利率（LPR）的利差呈现先收窄再走阔的过程，12月银票贴现月平均利率比1年期贷款报价利率（LPR）的3.45%低213.62BP，比上年12月收敛约5.8BP，反映出经济恢复和流动性合理宽裕背景下企业融资需求回暖。

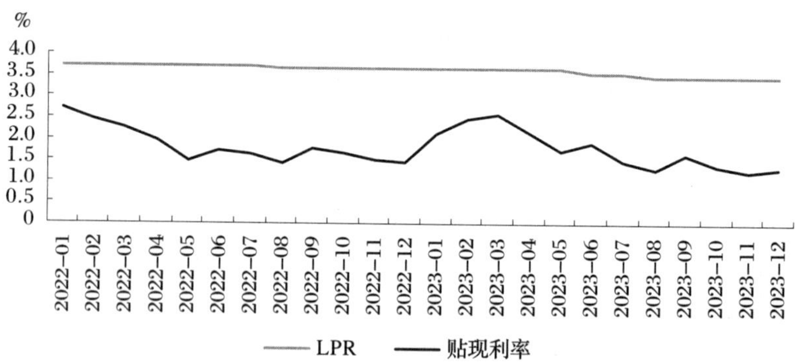

图6　贴现利率与LPR走势

（二）转贴现利率先升后跌，下半年转贴现利率波动区间扩大

2023年，票据转贴现利率受信贷业务牵引作用较强，其走势与贴现利率总体保持一致。第一季度信贷投放高峰阶段，转贴现利率涨升至年内高位，3月银票转贴现月平均利率为2.4159%，为全年最高位。第二季度后转贴现利率呈波动下跌走势，12月银票转贴现月平均利率为1.1010%，比上年末和3月分别下跌113.58BP和130.49BP。

下半年，票据新规缩短票据期限使下半年到期票据量有所增加，叠加信贷需求偏弱，二级市场银行买票需求增加带动交易活跃，票据转贴现利率波动区间扩大。下半年，银行热衷买入短期票据，1个月期国股银票转贴现利率曾多次跌至0.1%下方的阶段底部；11-12月银行跨年票交易增多，11月，1个月期和3个月期国股银票转贴现利率分别下跌至年内低点0.02%和0.1%左右，全年1个月期国股银票转贴现利率振幅高达346BP。12月末，1个月期和半年期国股银票转贴现利率分别为2.7631%和1.5919%，比年内低点分别涨升274.3BP和56.38BP（见图7）。

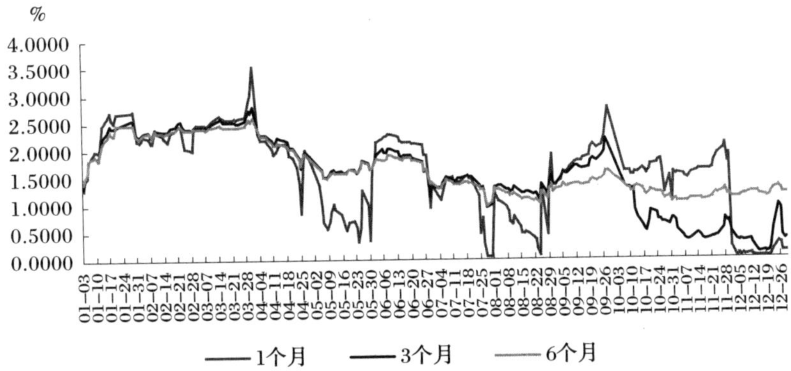

图7　2023年下半年转贴现利率波动区间扩大，短期和跨年票利率多次探底

（三）票据回购利率上半年反弹回落，下半年回购利率波动回升

2023年，票据回购利率上半年走势反弹回落走势，2月质押式票据回购月平均利率2.0759%为全年高点，比上年12月上涨约95BP，此后票据质押式回购利率回落调整，5月质押式回购月平均利率跌至1.5488%，为年内最低，票据质押式回购月平均利率全年最大振幅约52.71BP。下半年，票据回购利率走势与贴现、转贴现利率走势分化，票据回购利率呈波动回升走势，10月票据质押式回购月平均利率为3.0305%，为下半年最高和年内次高，比5月上涨48.17BP。12月，票据质押式回购月平均利率为1.9482%，比上年末涨升54.95BP，涨幅分别高于贴现和转贴现月平均利率同期涨幅。下半年，随着贴现利率和质押式回购利率分别下跌和上升走势，票据质押式回购月平均利率高于贴现月平均利率运行，12月质押式回购月平均利率高于贴现月平均利率约63.41BP（见图8）。

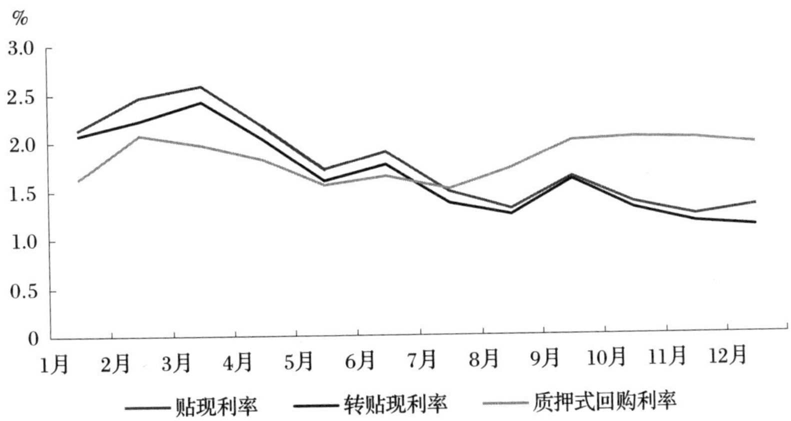

图8　2023年回购利率先跌后升，下半年回购利率高于贴现利率

（四）第一季度票据与同业存单收益率倒挂幅度收窄，此后票据与同业存单收益率扩大

2023年，在流动性合理宽裕的市场环境下，国债和同业存单收益率平稳运行，年末半年期国债和AAA级同业存单收益率分别为2.0565%和2.3953%，分别比上年末上涨2.33BP和0.4BP。同期，半年期国股银票转贴现收益率先升后跌，年末收益率为1.1751%，比上年末下跌约18.23BP。从半年期国股银票和AAA级同业存单收益率比较看，第一季度，因票据利率反弹，国股银票与同业存单收益率倒挂幅度收窄，贴现利率反弹期间的多个交易日半年期国股银票收益率甚至高于同业存单收益率。第二季度以来，票据收益率震荡下跌，半年期国股银票与同业存单收益率持续倒挂，4–8月倒挂利差总体维持在–90BP~–60BP；9月，半年期国股银票与同业存单利率同步上行，涨幅分别为27BP和29BP，收益率价差保持相对稳定。第四季度，半年期国股银票与同业存单收益率倒挂幅度扩大至105BP~160BP，年末略有收窄。12月末，半年期国股银票收益率约为1.1751%，低于AAA级同业存单收益率的价差（约为–122.02BP），比上年末倒挂利差扩大约18.23BP（见图9）。

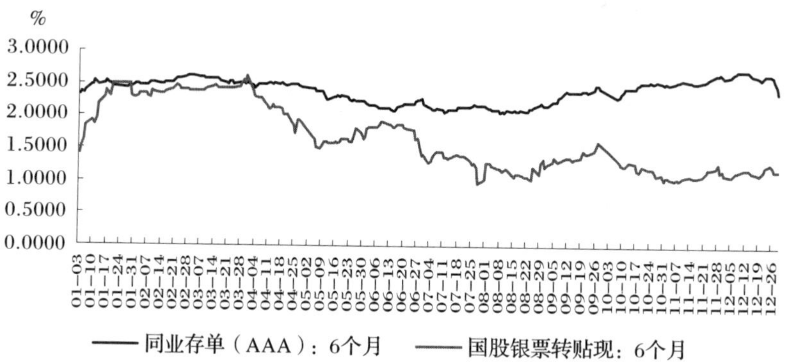

图9　2023年银票和同业存单收益率倒挂幅度先收窄再扩大

四、强化承兑人信息披露责任，违约企业数量总体下降但下半年有所波动

2023年以来，票据新规正式实施，进一步加强了承兑人信息披露责任和违规处罚力度，同期票交所依据票据新规对失信承兑人给予暂停相关业务权限，推动市场主体信息披露规范运作。票交所按月披露的逾期企业家数包括持续违约企业家数和首次违

约企业家数。因2023年票交所对持续逾期的统计时间口径作了调整，持续逾期的违约企业家数随着时间的推移会因累积效应的影响而上升，不能完善准确反映当前票据违约企业情况，因此票交所披露的首次逾期的违约企业家数更能准确反映票据信用风险状况。票交所披露的信息显示，自2023年以来，持续和首次逾期企业数量均较上年第四季度总体有所下降。根据票交所披露商票违约企业信息，2023年2–6月首次违约企业家家数下降且持续维持在200家以下，月平均违约企业家数相比上年最高月10月的504家降幅65%。7月，受经济形势复杂影响，首次违约企业家数反弹至426家。此后国家加大逆周期调节政策力度，促进经济延续恢复，商票首次违约企业家数再次波动下降。截至12月末，首次违约企业家数为257家，比上年12月末的437家减少180家，比年内高点7月的426家下降269家，降幅40%。下阶段，随着逆周期调节政策促进经济企稳回升，商票首次违约承兑人企业家数有望下降（见图10）。

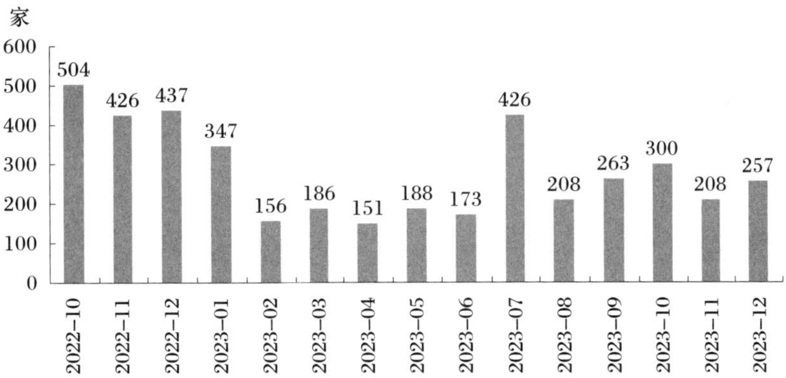

图10　首次逾期企业家数总体下降

五、2024年市场展望

（一）宏观环境分析

1. 逆周期调节政策持续显效，经济延续恢复但形势仍很复杂

2023年末召开的政治局会议和中央经济工作会议强调，2024年要坚持稳中求进、以进促稳、先立后破的工作总基调，强化宏观政策逆周期和跨周期调节，继续实施积极的财政政策和稳健的货币政策。经济的财政政策要适度加力、提质增效，稳健的货币政策要灵活适度、精准有效。

总体上看，随着逆周期政策落地显效，我国宏观经济呈现增速放缓企稳回升走势，经济恢复增长的动能有望进一步增强。统计局发布的最新数据显示，2023年我国GDP同比增长5.2%，比上年提高2.2个百分点；其中，第四季度同比增长5.2%，增速比第三季度增速加快0.3个百分点。第四季度以来的消费、投资以及进出口等多项关键性经济数据向好改善，表明逆周期调控政策正处于落地显效阶段。

短期内外部宏观形势仍较为复杂。从外部环境看，美欧发达经济体短期内通货膨胀黏性和货币政策调整的不确定性，全球经济复苏增长前景分化，以及地缘政治冲突等均对我国经济金融稳定发展构成挑战。国内改革发展任务繁重，地方性债务风险化解处于关键期。在上述因素叠加影响下，我国经济恢复增长或仍有所波动。从前瞻性经济指标看，12月制造业PMI为49，比上月回落0.4个百分点；非制造业PMI为50.4，比上月回升0.2个百分点，显示制造业景气度偏弱，服务业务景气度继续增强，外部不确定因素对经济恢复的影响仍较为复杂。2024年第一季度，国家仍会加大宏观政策逆周期调控力度，支持经济进一步恢复发展。

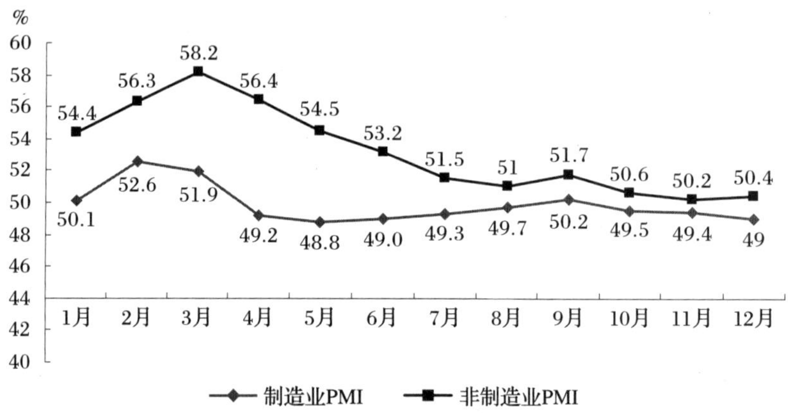

注：50%为临界线。

图11　2023年12月制造业PMI回落，非制造业PMI改善

2. 央行货币政策注重跨周期和逆周期调节，流动性维持合理宽裕

2023年以来，央行坚持稳中求进的工作总基调，稳健的货币政策精准有力，采用多种货币政策工具综合调节，保持流动性合理充裕。第三季度以来，央行密切关注宏观经济金融运行情况，持续加大货币政策调节和流动性支持力度，增强信贷总量增

长的稳定性和可持续性；发挥政策利率引导作用，推动企业融资和居民信贷成本稳中有降。

对于下阶段货币金融政策，10月末召开的中央金融工作会议和年末召开的中央经济工作会议重点强调加强金融强国建设，严控系统性金融风险，为经济社会提供高质量服务。结合近期央行货币政策报告等信息，下阶段央行货币政策操作思路侧重于以下几个方面，一是始终保持货币政策的稳健性，为经济发展提供高质量金融服务；二是关注宏观经济金融运行的变化，注重做好跨周期和逆周期调节，充实货币政策工具箱，着力营造适宜的货币金融环境；三是保持货币供给总量和流动性合理充裕，降低融资成本，为促进经济增长和化解地方债务提供流动性支持；四是重点关注汇率相对稳定和内外部基准利率利差的变化，保持内外部平衡。

3. 票据业务的政策关注度持续提升

2023年11月，人民银行、国家金融监督管理总局等八部门联合发布《关于强化金融机构支持举措　助力民营经济发展壮大的通知》。通知明确，要强化应收账款确权，促进供应链票据规范发展；完善票据市场约束机制，支持民营企业更便利地使用票据进行融资，强化对民营企业使用票据的保护。该项政策延续了此前金融管理部门重视发挥票据在供应链金融发展方面的积极作用，引导应收账款票据化和供应链票据加快发展。

此外市场还关注到，11月人民银行发布了专栏文章《推动中国金融市场高质量发展　助力加快建设金融强国》。文章提到票据业务包括三个方面：一是规范创新供应链票据、标准化票据等产品，促进产业链供应链稳定循环；二是建立健全票据市场信用管理框架和信息披露机制，强化参与主体行为规范；三是强化票据市场风险防控，指导中小银行积极稳妥压降过度承兑业务规模，整治互联网票据平台企业票据交易业务。

（二）市场简要展望

1. 票据市场支持高质量发展的作用更加明显

2023年11月召开的中央金融工作会议和年末召开的经济工作会议均强调金融工作坚持稳中求进的总基调，发挥金融服务高质量发展的积极作用和防控化解系统性风险。2024年1月召开的人民银行工作会议也强调稳健的货币政策精准有力，重视做好逆周期和跨周期调节，保持金融支持力度。票据市场作为直接联系货币政策和实体经济的金融市场，政策传导效率高、直达性强，在稳定宏观经济运行、促进产业链供应链循环以及支持中小微企业发展等方面具有较大潜力。下阶段，我国经济运行将步入后房地产时代的转型发展期，制造业融资占比进一步上升，将促进票据融资业务稳健发展。从市场环境看，为支持经济恢复动能进一步增强，票据贴现利率在一定阶段仍处于低位运行，有利于企业使用低成本票据融资。同时，从政策层面看，2023年11月人民银行、国家金融监督管理总局等八部门联合发布《关于强化金融机构支持举措　助力民营经济发展壮大的通知》。通知明确，要强化应收账款确权，促进供应链票据规范发展；完善票据市场约束机制，支持民营企业更便利地使用票据进行融资。

2. 票据利率总体低位波动运行和票据利率分层更加明显

中央经济工作会议明确提出稳健的货币政策要灵活适度、精准有力，更加重视逆周期和跨周期政策调节，为经济增长和高质量发展、防范和化解系统性风险创造适宜的金融条件。当前，国内经济仍处于恢复发展的关键时期，央行会依据宏观经济变化，加大稳健货币政策的灵活调节，维持流动性合理宽裕，金融市场利率仍会维持较低水平。2023年12月，国有银行和股份制银行等陆续下调存款利率，这有助于银行减轻负债成本和提升净息差，也为下阶段降低企业融资成本提供了空间。下阶段，银行将统筹信贷和票据融资业务，票据利率受资金利率和规模调节因素的共同作用，仍维持偏低区间的波动运行走势。

2024年，《商业银行资本管理办法》（以下简称资本新规）正式实施，按照银行承兑汇票的不同等级给予交易对手银行不同的风险权重，因此较高等级银行的承兑汇票在资本集体方面具有优势，从而市场流动性更高，为银行带来利率定价优势。由此，市场机构在票据交易竞争中会采用相应的价格策略，使不同信用等级的票据利率分层现象更加明显。

3. 资本新规下票据市场业务结构进一步优化调整

2023年11月，国家金融监督管理总局与中国人民银行共同修订资本新规，进一步完善商业银行资本管理规则，推动银行强化风险管理水平，提升服务实体经济质效。资本新规自2024年1月1日起实施，将给银行票据业务风险经营带来重要的市场影响。参照票据新规正式实施的市场影响，此前承兑业务增长较快的中小银行承兑汇票业务放缓，国有大型银行承兑汇票业务市场占比提升，商业汇票承兑市场的结构性变化契合票据新规的政策意图。资本新规实施对银行票据业务同样具有较强的政策引导作用。

从资本新规的内容看，其对票据市场的重要影响主要表现在以下方面。一是强化银行同业转贴现业务风险资本约束，提升商业银行转贴现票据调节信贷规模的资本成本，这或将使短期内银行同业转贴现业务规模下降。二是对银行风险资产权重计量规则作了结构性调整，细化不同等级企业客户贴现业务风险权重，给予投资级企业、中小企业、小微企业相对于一般企业的风险权重优惠，引导银行加大对优质、中小微供应链企业等票据业务支持。三是优化承兑业务风险权重和调整3个月以上期限票据风险权重，引导银行加大对票据结算业务支持力度。资本新规推动不同类型银行资本监管体系差异化，票据业务风险计量更加严格，不同类型银行票据业务风险资本计量差异化显现。下阶段，不同类型银行将会根据自身资本和业务经营需要，适度调整转贴现业务经营策略，资本新规下票据市场的结构性变化尚需观察。

（执笔人　汪办兴）

商业银行票据业务屡查屡犯问题分类治理研究

■ 张雨林[1]

摘　要：近年来，随着票据市场基础设施的不断完善、电子商业汇票的普及以及金融监管部门的持续有效治理，票据业务各类风险得到明显控制，票据市场实现平稳健康运行。但与此同时，作为金融监管部门的重点关注领域，商业银行也频频因票据业务违规受到监管处罚，部分屡查屡犯问题仍是管理难点，合规风险仍较为突出。首先，本文统计分析了近三年国家金融监督管理总局及其派出机构在2021—2023年对商业银行作出的涉及票据业务领域的处罚，分析了商业银行票据业务领域主要处罚案由及特点趋势。其次，本文对商业银行票据业务屡查屡犯问题进行了成因分析。最后，本文指出商业银行票据业务屡查屡犯问题的复杂表现形式，建议金融监督管理部门进一步细化对违规问题的问责处理，同时，对商业银行分类治理票据业务屡查屡犯问题提出了意见和建议。

关键词：商业银行；票据业务；屡查屡犯；合规风险

[1] 作者简介：张雨林，现供职于浙商银行总行票据业务部。

一、2021—2023年商业银行票据业务行政处罚情况

（一）2023年处罚有所增加

为充分发挥行政处罚信息的警示教育作用，国家金融监督管理总局及其派出机构在对金融机构作出处罚后，会在其官网公布行政处罚信息。本文通过关键词检索（检索处罚信息表处罚案由内容中是否包含承兑、票据内容）的不完全统计，2021—2023年，国家金融监督管理总局及其派出机构共开出商业银行票据业务领域机构罚单315张，分别为2021年101张、2022年102张、2023年112张，2023年商业银行票据业务领域处罚有所增加。

（二）案由集中在票据一级市场

2017年，监管部门重拳出击，决心整治金融市场乱象，出台了“三三四十”等系列文件，全面整治银行机构在监管套利、空转套利、关联套利等方面的违规问题。及时遏制票据空转套利现象也是当时的一大重点工作，票据领域主要查处的违规行为有滚动签发贴现无真实贸易背景的银行承兑汇票，在票据转贴现和卖出回购、买入返售等环节中“消规模”等。银行业在强监管、严监管的治理下，风险显著收敛。目前，票据业务领域风险主要集中在一级市场，表现形式为业务制度滞后、客户准入不严以及利用无真实贸易背景办理承兑、贴现业务虚增存贷款、空转套利、套取银行信贷资金等。

（三）贸易背景不真实与担保资金来源、贴现资金流向违规票据业务屡查屡犯问题

对2021—2023年商业银行票据业务处罚案由进行分析发现，涉及票据业务领域处罚案由约328个（少数罚单对应多个票据处罚案由），贸易背景不真实类违规发生次数最多，总计处罚约148次，占比达45.12%；信贷资金转作票据保证金或贴现资金回流违规为第二大罚点，总计处罚约69次，占比21.03%。贸易背景不真实与信贷资金转作票据保证金或贴现资金流向违规是商业银行票据业务的主要处罚案由，合计占比达66.15%。本文将上述两个违规案由作为商业银行票据业务领域屡查屡犯的典型问题。

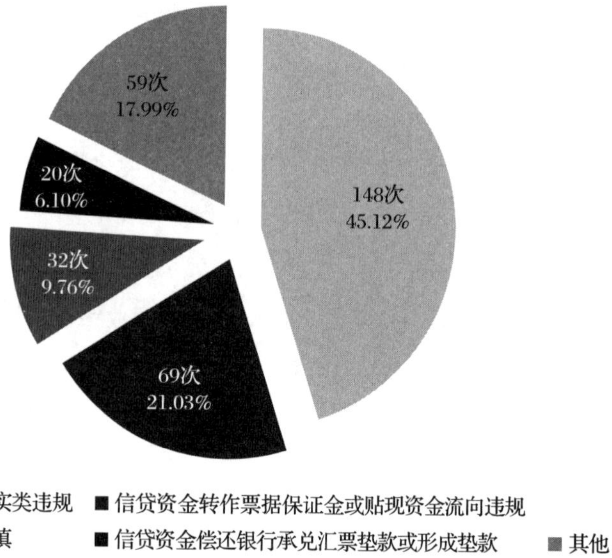

图1　2021—2023年商业银行票据业务领域处罚案由分布

二、屡查屡犯问题成因分析

参考王婷[1]提出的商业银行屡查屡犯问题分析归类方式，首先将票据业务屡查屡犯问题行为主体明确为商业银行及其票据业务从业人员，因票据业务领域屡查屡犯问题行为主体分布于不同商业银行以及同一商业银行的不同经营机构，责任人员也不同，对于该类屡查屡犯问题，应将其归为雷同型。从辩证视角来看，内外部因素共同作用于行为主体，导致屡查屡犯问题难以管控。

（一）屡查屡犯问题的外因

从外因来看，影响商业银行票据业务违规问题屡查屡犯的因素主要有外部竞争压力与监管约束等。如在外部竞争压力加剧时期，为获得竞争优势进行业务拓展，银行从业人员可能会降低客户准入门槛，放松贷后管理要求，导致违规问题大量发生。在套利窗口扩大时期，部分企业集团利用贸易地位优势或通过内部关联交易进行资金套利，甚至成为财务创收重要途径。此外，金融监管部门的监管行为也会对商业银行票据业务发展产生重大影响，如商业银行票据业务领域的“滚动开票”虚增存款问题在经历监管大力整治之后，已得到明显遏制。

（二）屡查屡犯问题的内因

从内因来看，影响商业银行票据业务违规问题屡查屡犯的主要因素为行为主体的自我管控能力不足。主要体现在：一是基础内部控制失效，如商业银行未建立完善的制度体系以及业务流程、系统刚控等方面仍有待进一步提升；二是内部控制环境不够成熟，如部分商业银行存在内控合规文化不够到位，绩效考核指标设置不合理，存在重业务发展、轻合规管理的情况；三是内部控制执行不够到位，对于商业银行来说，即使拥有健全的制度、完善的系统，如果得不到经营单位的有效执行，都是形同虚设。商业银行应通过开展培训、实施检辅监督等方式，持续进行合规执行力建设。

三、分类治理票据业务领域屡查屡犯问题

屡查屡犯问题有着复杂的表现形式，在不同表现形式与违规场景下，内外部各因素作用程度有所区别。金融监督管理部门及商业银行在对屡查屡犯问题进行治理与整改时，要根据具体表现形式与主要诱因，有所侧重，对症治理。

（一）贸易背景不真实类违规问题治理

贸易背景不真实类违规为商业银行票据业务领域第一大罚点，国家金融监督管理总局行政处罚公示中对该类问题的案由表述有票据业务贸易背景审核不严、办理无真实贸易背景的票据业务、票据业务贸易背景虚假等，金融监管部门与商业银行应分类治理与整改。

1. 票据业务贸易背景审核不严

票据业务贸易背景审核不严或贸易背景资料存在瑕疵表明商业银行未对票据业务贸易背景的真实性进行实质审查。主要表现：银行承兑汇票、购销合同、增值税发票在交易时间、货物名称、交易金额等方面的对应关系不合理；未准确识别企业重复利用增值税发票在多家银行机构办理票据融资，发票金额不足值；银行机构未在增值税发票、合同原件上进行业务签注以及未审核复印件资料是否与原件一致等。

对于票据业务贸易背景审核不严的违规行为，内因为行为主体的自我管控能力

不足。一方面，银行机构可完善操作规范，通过补充查验运输单据、出入库单据、税务系统纳税信息、企业年度审计报告等，确保相关票据反映的交易内容与企业经营范围、真实经营状况以及相关单据内容的一致。另一方面，银行机构应重视对经营单位人员的合规培训，提升客户经理风险合规意识，同时，进一步提升客户经理专业素养，使其能准确识别各类违规行为，避免贸易背景审查流于形式。

在监管机构治理问责方面，金融监督管理部门可进一步推动商业银行贸易背景审核的“人防”向“机防”转化，通过推广发票统一查验平台、连接银行与企业系统，实现贸易背景实时关联。对于这类违规问题，建议金融监管部门依据银行机构勤勉履职情况、违规业务占比情况、违规行为危害程度等，区分对待，从重或从轻处罚。

2. 办理无真实贸易背景的票据业务

商业汇票兼具资金结算与信贷属性，票据新规明确商业汇票需具有真实的交易背景，如果银行承兑汇票或商业承兑汇票不具备真实的贸易背景，其资金结算属性与服务实体经济的功能则难以实现。办理无真实贸易背景的票据业务的最常见表现形式为银行承兑汇票开立后，企业未能提供增值税发票等材料，以下几个方面的因素导致了该问题的屡查屡犯。

一是预付款票据增值税发票后补的商业逻辑导致银行对无真实贸易背景问题难以管控。对于预付款票据[2]，即中小微企业向处于强势地位的供应商进行采购支付的票据，在此情况下，银行承兑汇票开立支付时，核心企业供应商尚未进行交货，因此还不具备销售发票。为更好地服务客户以适应激烈的市场竞争环境，不少银行机构都在大力开展“票据池”产品，在客户进行线上开票时，只能对交易合同进行要求，一般是要求企业在开票后进行增值税发票后补。各家银行做法也不太一样，有的要求在业务办理2个月内进行后补，有的只有在接受监管检查时才让客户补充提供增值税发票。但是，在业务办理后，客户经理一般都缺少发票收集与审核动力，也可能银行系统对此未进行刚性控制，没有及时提示。二是非法票据中介的套利行为需持续进行打击。在信贷投放不足时期，银票贴现利率下降，套利空间进一步扩大。在此时期，一些票据中介通过在各家银行机构办理大量无真实贸易背景的承兑、直贴业务进行空转套利，而部分银行经营机构在存款考核压力下，在业务进行审查时流于形式，甚至故意放松审查标准，配合客户进行套利。此外，监管治理力度也直接影响银行机构办理无真实贸易背景票据业务行为的违规成本。

综上所述，内外部因素交织导致无真实贸易背景票据业务问题难以被根治。对于办理无真实贸易背景票据业务的违规行为，一方面，银行机构在业务办理后要及时收集贸易背景资料，优化系统刚性控制，对于业务办理后一段时间内仍未收集增值税发票的，及时提示客户经理。同时，银行机构应将全额类银行承兑汇票业务作为重要关注对象，重点监测大额、等额、集中开立银行承兑汇票等具有高度票据中介特征的行为，严防资金套利与空转问题。金融监管部门可进一步明确预付款票据的前置贸易背景审核要求，督导银行机构从严审核。

当前，金融监管部门正加大对商业银行办理无真实贸易背景的票据业务的治理力度。银行机构办理的无真实贸易背景的票据业务，不具备真实贸易业务的贸易自偿性，通常伴随较高的信用风险。此外，商业银行办理无真实贸易背景的票据业务，造成银行表外信用过度扩张，影响银行业审慎稳健经营的同时，也易造成经济数据统计的失真，具有较大的社会危害性。因此，对于该类违规行为，金融监督管理部门应从严查处、严肃问责。在市场套利行为旺盛时期，建议监管机构要进一步加大对该类问题的治理与整治，打击票据中介行为，避免信贷资金空转套利。

3. 票据业务贸易背景虚假

贸易背景虚假指企业通过与其关联方虚构贸易往来，或借助与第三方机构合作虚构贸易背景等套取银行信贷资金的违规行为。如企业借助融资租赁公司通道，将不适格资产作为融资租赁物，同时虚标租赁资产价值，以虚构贸易背景在银行进行贸易融资的违规行为。通常在虚假违规场景下，企业一般占用银行机构的敞口授信且业务金额通常较大，因不具备真实的贸易背景，通常需要借助第三方机构配合，虚构贸易背景资料。

在银行机构防范建议方面，一是要进一步严格、细致地审查该类业务的贸易背景资料与商业逻辑的合理性，该类业务前置贸易背景资料较多，在银行机构勤勉细致审核的前提下，一般能识别并避免该违规行为发生。二是要进一步培育合规意识，明确合规底线，避免发生客户经理有规不依、虚假履职的情况。

在监管机构治理问责方面，考虑到该类违规业务具有极大的信用风险，以及存在银行机构在业务审核、审查过程中的不尽职情况，金融监管部门应从重、从严查处。同时，还要进一步区分并识别违规主体是否存在为该类违规行为的发生提供便利条件事实，对于经营机构违反经营原则或客户经理收受好处的，监管部门可通过“双罚”

的方式，进一步明确经营底线。此外，金融监督管理部门可采取联合执法治理方式，联合第三方通道机构的市场主管部门，对其违规行为进行打击，提高违法违规成本。

（二）票据业务担保资金来源与贴现资金流向违规

票据业务担保资金来源与贴现资金流向违规为商业银行票据业务领域的次要罚点，国家金融监督管理总局行政处罚公示中对该类问题的案由表述主要有信贷资金回流用作保证金，虚增存贷款，贴现资金回流出票人及其关联方等。

1. 信贷资金回流用作保证金，虚增存贷款

对信贷资金回流用作保证金，虚增存贷款违规行为进行内外影响因素分析，应区分信贷资金是否为本行信贷资金，以及违规行为是中介客户套利行为还是经营单位考核冲动下的虚增存贷款行为。如果票据担保资金来自其他银行违规信贷资金，缺乏跨银行流水监测手段是屡查屡犯问题的重要外部因素。

在银行机构防范建议方面，一是优化绩效考核考评机制，虽然我国商业银行绩效考核机制建设已取得长足进步，但不少银行机构还存在绩效考核指标设置不合理，重业务发展、轻合规管理的情况，如设立时点存款性考核指标，诱发经营单位及客户经理通过违规票据业务虚增存贷款。二是建立有效风险监测平台，将票据业务担保资金来源与贴现资金流向纳入监控，将监管及总行管理要求植入系统刚控。三是重点监测大额、等额、集中开立银行承兑汇票等具有高度票据中介特征的行为，严防资金套利与空转问题。

在监管机构治理问责方面，一是搭建银行业流水共享平台。缺乏跨银行流水监测手段一直以来都是商业银行进行贷后管理的一大痛点，导致无法准确识别贴现资金多次跨银行流转后回流银行转作票据保证金等违规行为。对此，金融监督管理部门可牵头辖内重要银行建立“流水共享与监测”平台，并对平台监测到的违规行为第一时间进行风险提示或窗口指导，要求责任银行进行整改，对于及时整改的，给予从轻问责或免于问责。二是对该类违规问题进行分类治理问责，对于虚增存贷款甚至滚动开票虚增存贷款类违规，违规主体（责任银行）自身担保资金监测不到位，存在主观过错等行为，且考虑到该类违规行为具有较高危害性，建议监管部门从严问责。对于担保资金来源于其他银行贴现资金的票据中介套利行为，监管机构应以治理为主，同时考虑银行机构的违规主体责任，从重或从轻问责。

表1　监管分类治理问责建议

	票据中介套利	虚增存贷款
本行信贷资金	严肃问责治理	严肃问责治理
他行信贷资金	治理为主	—

2. 贴现资金回流出票人及其关联方

一般而言，票据业务贴现资金回流出票人及其关联方是贸易背景不真实的高危表现。因此，银行机构应从源头治理出发，对业务贸易背景真实性进行从严审核。同时，可进一步优化风险监控平台，对贴现资金流向进行有效监测，对于产生风险信号的，及时进行排查管控。在监管治理问责方面，应将贴现资金回流区分为直接回流或跨行流转后回流，对于商业银行贴现资金跨行多次流转后产生回流的，给予责任银行一定程度的责任豁免。

参考文献

[1] 王婷 . 商业银行屡查屡犯问题的分类管理探讨 [J]. 时代金融，2018（8）: 122-124.

[2] 中信银行上海分行课题组，赵慈拉 . 类票据创新机理与监管路径研究 [J/OL]. 上海立信会计金融学院学报，（2023-12-29）[2024-02-22]. http://doi.org/10.13230/j.cnki.jrsh.20231127.001.

票据融资服务实体经济发展研究

■ 胡阳 [1]

摘　要： 近年来，票据产品的持续创新、市场基础设施不断完善，特别是《商业汇票承兑、贴现与再贴现管理办法》落地实施以来，票据市场呈现一系列新变化、新趋势，银行票据业务发展由此也面临新的机遇和挑战。文章首先从票据新规实施以来市场趋势变化出发，探讨商业银行票据承兑、贴现、转贴现、再贴现业务如何顺应市场趋势，通过对全国分行业、分省市的承兑、贴现数据采集归纳，重点选取批发零售业、制造业进行重点分析。其次分析票据融资服务实体经济存在的难题，提出一定的解决途径及建议，以期推动票据业务的发展和市场机制完善。最后对未来票据市场发展趋势进行展望，最终实现票据业务高质量发展。

关键词： 票据融资；实体经济；供应链票据；展望

票据融资是一种利用票据进行融资的方式，其融资的利率通常低于同期银行贷款利率，因此企业可以通过票据融资降低融资成本，提高资金使用效率。首先，票据

[1] 作者简介：胡阳，现供职于中国农业发展银行咸阳市分行。

融资期限灵活，企业可以根据实际需求选择不同期限的票据，票据还可以背书转让，企业可以根据需要运用票据进行支付和结算。其次，通过成功发行票据，向市场展示企业的信用状况和偿债能力，进一步提高企业的信誉，为未来的融资和发展打下基础。再次，企业可以根据自身的债务结构，通过票据融资的方式将短期债务转化为长期债务，优化债务结构，降低财务风险。最后，票据融资为企业提供了一种新的融资渠道，可以在传统的银行贷款之外，通过票据市场进行融资，使企业有更多的融资选择。总之，票据融资的优势在于降低成本、增强灵活性、提高企业信誉、优化债务结构以及扩大融资渠道等，对于企业的发展和运营具有重要意义。商业汇票作为票据融资的主要支付和结算工具，兼具信用支撑、交易媒介和资金融通的多重角色。尤其在供应链金融生态中，商业汇票成为连接金融服务与实体经济发展的金色纽带。因此，票据在供应链金融生态中发挥着不可替代的重要作用，使流动资金运转得更长远、更顺畅。

一、票据融资的主要功能体现及运用优势

（一）票据具备支付结算功能，有助于支持供应链金融发展

票据融资的核心特性在于其具备背书转让的功能，从而实现货币支付与结算。票据交易过程涵盖签发、承兑、背书、兑付等各个环节，每个环节均具有独特的交易属性。签发环节指票据权利人运用票据进行支付结算的行为，承兑指持票人向商业银行申请办理汇票承兑的过程。背书环节体现为持票人在票据上进行权利转让给他人的操作。票据的签发与背书过程能够将一种货币资金转化为另一种货币资金，以支付和结算为宗旨，具备较高的适用性。因此，票据成为一种广泛应用于支付结算的工具。企业之间汇票签发、背书转让以及贴现等业务，既可以发生在同一实际交易对手之间，也可以发生在不同经济主体之间。通过利用票据支付结算功能和融资功能，有效解决供应链上下游中小企业融资难、融资贵的问题。特别是基于商业汇票的供应链金融能够实现金融服务与实体经济的无缝连接，体现了金融对实体经济的支持。因此，票据在供应链金融中发挥重要作用。

（二）票据具备信用提升功能，有助于降低企业融资成本

在供应链融资中，企业间的应收账款通常无法直接转化为现金流，须通过保理公司等第三方机构进行盘活。票据作为一种具有标准化特征的金融工具，其签发、承兑、背书、兑付等环节均有记录，具备不可撤销、可流转交易和无因性等特性，从而有效解决企业之间应收账款无法直接转化为现金流的问题。通过将应收账款电子化，企业在票据市场上进行交易，形成的票据成为企业之间信用传递载体，在一定程度上降低企业融资成本。此外，票据作为银行承兑的信用产品，具有低成本、高流动性、无风险等特点，有助于供应链上下游企业解决融资难题。票交所的票据业务系统建立为票据业务的线上实现提供了基础支持。在票交所的系统中，票据流转过程中的背书、交易等环节均留有痕迹，便于追查业务的信用主体，为构建供应链金融生态环境创造了条件。

（三）票据具备货币信用创造功能，有助于政府宏观经济调控

货币政策传导机制作为宏观调控的关键途径，包含两类主要工具：一类是数量型手段，如存款准备金、基准利率和公开市场操作等；另一类是价格型手段，如存贷款利率和信贷额度等。票据具有较强的支付和结算功能，能在货币政策传导过程中发挥中介作用。在央行实施宽松货币政策时，商业银行可通过购买票据或向中央银行申请再贴现，为市场注入流动性。票据的支付和结算功能使其能将短期货币资金转化为长期资金。票据承兑和贴现是央行调控基础货币的策略之一，通过调整基础货币供应，进而影响货币总量，从而影响宏观经济走向。

（四）票据具备交易功能，有助于优化企业融资条件

票据交易的对象包括应收账款、存货等，也可涉及债权资产、预期收益等应收账款类型。对于企业而言，将未来应收账款转变为票据有助于降低财务成本，提升资产流动性，并拓宽融资途径。对于商业银行来说，基于票据交易可开展买入返售或卖出回购业务，将资金从企业引导至银行体系内，实现沉淀资金的二次分配。因

此，票据交易提供了新的融资渠道。此外，商业汇票也具备融资功能。商业承兑汇票作为商业信用的产物，具有风险较低、期限较短等特点，有助于优化企业融资条件。

（五）票据具备融资功能，有助于激活供应链资产的潜在价值

票据交易为企业间结算提供了直接且有效的方式。企业签发票据，将应收账款转化为现金流，实现了“一手交钱，一手交货”。票据具备支付、信用、融资等多重功能，能够活化企业资产，尤其是中小企业的应收账款，通过签发承兑汇票，有助于解决企业短期资金周转难题。据相关数据显示，2021年上半年，我国票据签发总额已超过200万亿元，其中制造业签发票据金额占比达21.9%。与此同时，随着票据融资市场的蓬勃发展及完善，贸易背景日益真实，交易关系更加明晰。展望未来，随着供应链金融票据平台的建设及优化，更多企业将借助供应链平台开展业务、获取资金支持。供应链平台也将依托供应链金融，为广大用户提供票据信息披露、支付、融资、交易等“一站式”服务。因此，供应链金融越来越契合数字经济时代的发展趋势。

（六）票据具备投资功能，有助于推动资本市场稳健发展

票据的签发和流转与货币市场有密切联系，银行承兑汇票的签发需要经过商业承兑汇票贴现等一系列流通程序，能够带动货币市场的发展，而货币市场反过来影响银行承兑汇票的签发，如此循环反复，商业承兑汇票和银行承兑汇票形成了良性互动。商业承兑汇票是银行信用，在银行间债券市场交易流通，受票据到期日制约，风险相对较小；而银行承兑汇票是企业信用，在企业间流通转让。因此，商业承兑汇票是企业进行短期融资的重要工具。在票据业务中引入投资机制能够将票据作为一种重要的投资标的引入长期稳定资金来源中。此外，票据投资还能优化投资者结构、实现资产多元化配置，既能盘活票据存量资产，提高流动性，又能实现资产多元化配置，使金融市场更加活跃。

二、我国部分行业票据贴现承兑比、发生额分析

（一）部分行业承兑发生额变化分析

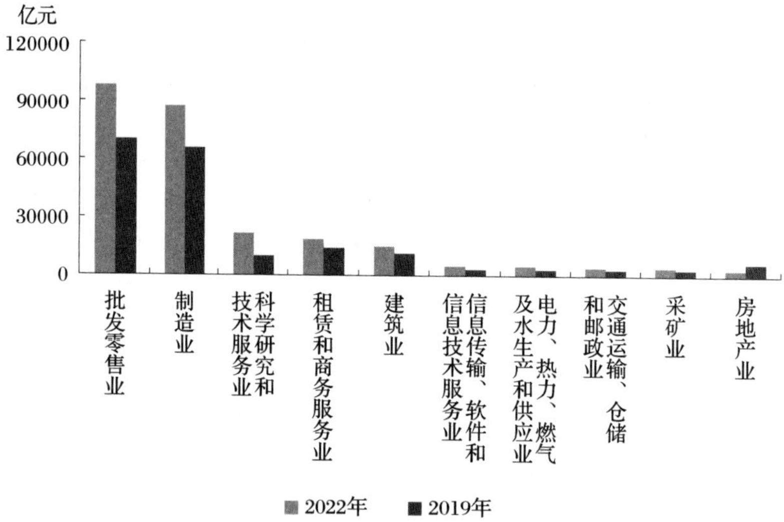

图1　分行业票据承兑发生额对比情况

（资料来源：中国人民银行）

图1选取了商业汇票承兑总额排名前十的行业进行深入分析。综合观察，前九名行业票据承兑发生额呈现总体上升态势，然而房地产业则呈现下降趋势。具体来看，批发零售业与制造业的承兑总额显著高于其他行业，构成第一梯队。这两个行业在2022年的承兑金额占比分别为36%和33%，与2019年相比增幅分别为39.31%和33.6%，这表明票据在上述两个行业的应用规模较大，发展势头良好。科学研究和技术服务业、租赁和商务服务业、建筑业组成第二梯队，2022年的承兑金额占比分别为8%、7%和5.5%，与2019年相比增幅分别为125%、32%和26%，科学研究和技术服务业票据承兑发展尤为迅速。其他行业占比均低于2%，对票据承兑发生额总体影响较小。

展望未来，我国票据市场仍具有较大的发展潜力。一方面，随着我国经济结构的优化升级，新兴产业和服务业的发展将带动票据市场的需求增长；另一方面，政府对中小企业的扶持政策将进一步降低企业融资成本，推动票据市场的繁荣。同时，票据市场的监管也将持续加强，以确保市场的健康有序发展。

（二）批发零售业承兑、发生额分析

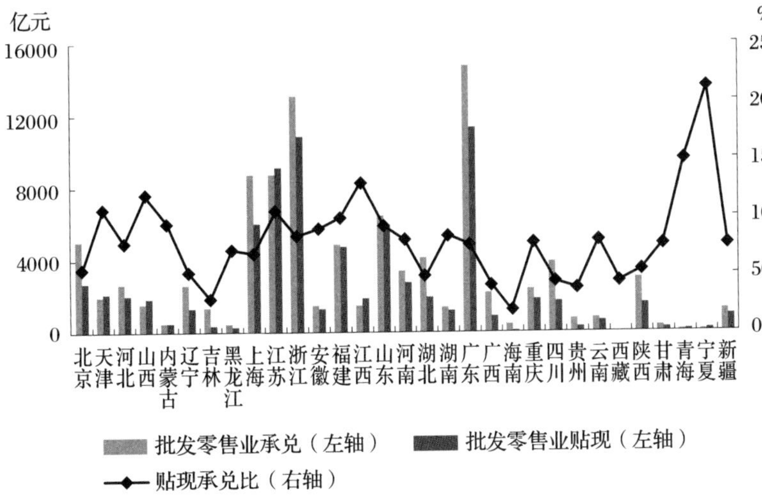

图2　2022年批发零售业各省份承兑、贴现情况

（资料来源：中国人民银行）

图2展示的是我国2022年31个省份批发零售业的承兑发生额、贴现发生额以及贴现承兑比情况。从贴现承兑比来看，北京、上海的贴现承兑比最高，均超过了10%；广东、浙江、江苏等经济发达地区的贴现承兑比较为接近，均为8%~10%；而西藏、青海等地区的贴现承兑比最低，仅为1%~3%。

进一步分析发现，承兑发生额与贴现发生额在全国范围内存在一定的正相关性。一般来说，经济发达地区的批发零售业承兑发生额和贴现发生额较高，说明这些地区的商业活动较为活跃，金融市场较为成熟；欠发达地区的承兑发生额和贴现发生额较低，表明这些地区的商业活动和金融市场相对较为滞后。此外，从贴现承兑比的角度来看，各地差异较大。贴现承兑比高的地区往往意味着该地区的票据市场较为成熟，企业对票据融资的需求较大；贴现承兑比低的地区则可能存在票据市场不成熟、企业对票据融资需求较小等问题。总之，我国31个省份批发和零售业的票据承兑和贴现情况存在一定的地域差异。在经济发达地区，如广东、浙江、江苏等，批发零售业的票据承兑和贴现发生额较高，市场较为成熟；而在欠发达地区，如西藏、青海等，票据市场发展相对滞后。

因此，在今后的发展中，我国应加大对票据市场的扶持力度，促进全国范围内的票据市场均衡发展，为企业提供更加便捷、低成本的融资渠道。同时，各地政府也应根据本地区的实际情况，制定相应的政策，引导和推动票据市场的发展，以促进当地经济的繁荣。

（三）制造业承兑、发生额分析

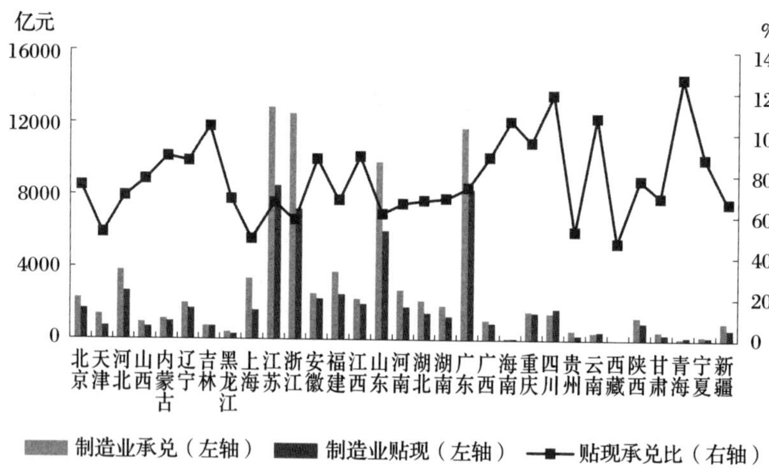

图3　2022年制造业各省份承兑、贴现情况

（资料来源：中国人民银行）

图3展示的是2022年全国31个省份制造业票据承兑、贴现发生额及贴现承兑比情况。与批发零售业相比，制造业的贴现承兑比差异较小，东部沿海地区的制造业票据业务活跃度较高，特别是江苏、浙江、广东和山东，占据了全国制造业票据承兑和贴现市场的主要份额。

进一步分析发现，江苏在承兑和贴现业务方面均位居全国第一，显示出其强大的制造业实力和金融市场活跃度。浙江在承兑业务方面位居第二，贴现业务方面位居第三，表现同样抢眼。广东在贴现业务方面位居全国第二，充分体现了其在制造业和金融业方面的综合实力。山东在承兑和贴现业务方面均位居第四，显示出其作为制造业大省的金融业务发展潜力。此外，从贴现承兑比来看，四个省份的差异并不显著，说明制造业的贴现和承兑业务相对平衡。这与批发零售业相比，制造业的贴现承兑比差异较小的特点相吻合。制造业的生产和销售周期相对较长，故而其票据贴现和承兑业务的波动性较小。

值得注意的是，中西部地区在制造业票据业务方面的表现也逐步提升。这得益于国家政策对中西部地区制造业的支持，以及这些地区在基础设施、产业政策和人才培养等方面的投入。随着中西部地区制造业的不断发展，未来其在票据承兑和贴现业务方面的市场份额有望进一步扩大。

三、票据融资服务实体经济存在的困难和问题

（一）票据市场管理不规范、不统一对票据融资功能的制约

票据市场管理不规范、不统一的现象，对实体经济中票据融资功能的发挥产生制约。作为金融机构日益关注的业务领域，票据在实体经济发展中扮演着“服务者”的角色。它可以通过央行实现再贴现功能，并在支持实体经济发展、优化金融机构资产配置、丰富宏观调控手段等方面展现天然优势。然而，监管机构及商业银行在票据市场上未能形成统一规范，导致票据在发挥支持实体经济、金融市场及客户服务等方面的功能和作用受到极大限制。

我国大部分中小企业主要集中在劳动密集型、技术水平较低的传统制造业，企业规模有限、管理制度更新滞后、管理水平相对较低，财务制度和内部控制制度不健全、缺乏透明度，导致企业信誉度低、坏账风险过大。此外，为中小企业提供金融服务的金融机构存在信息不对称，对商业票据融资服务的开展产生不利影响。具体表现在中小企业相关的商业票据交易较为灵活，增加了金融机构在实际操作中的风险；中小企业融资金额相对较小，缺乏统一的信用评级机制；金融机构难以获取中小企业真实财务数据，导致交易成本上升，削弱了金融机构开展针对中小企业的商业票据业务的积极性。

（二）市场参与者素质参差不齐，导致票据市场功能难以发挥

市场参与者素质不一，导致票据市场功能难以充分发挥。作为商业票据市场的融资主体，企业的信用状况对商业票据融资的可能性和效率产生制约，影响投资者的参与以及部分票据的运用与流通。伪造票据、克隆票据等不法行为阻碍了票据市场的成长。部分银行间的恶性竞争导致利率市场紊乱，大量贴现资金用于缴纳保证金，签发量远远超过保证金的银行承兑汇票量，银行信用被过度放大，易引发新的金融风险。

此外，我国信用评价体系存在诸多不足，信用评级公司水平参差不齐，经营不规范，评价指标受主观因素影响较大，评级可信度令人质疑，这些因素严重制约了票据市场的健康发展。

大中型企业为将票据业务作为主要利润增长点，急功近利导致恶性竞争，大型银行也面临内部竞争和自身制度资源约束，难以发挥引导和维护市场的作用，更无法充当做市商的角色。票据市场难以活跃，交易清淡，真正的市场利率难以形成，票据市场的功能和作用大打折扣。许多民营中小企业尚未获得市场信用评级或评级较低，难以通过发行债券或在资本市场上进行直接融资。然而，在票据融资方面，无论企业是否具备外部评级，只要符合银行内部风险控制要求，一经银行授信，便可获得票据贴现融资。

（三）经营管理方面的自主性和整合力度不足产生负面影响

经营管理方面的自主性和整合力度不足，对市场规模及创新效益产生负面影响。当前，仅在部分中心城市形成了区域性票据中心，全国统一票据市场尚未形成。尽管各家商业银行具备电子网络系统，但跨系统票据信息查询的网络连通与标准化管理手段不足，导致金融机构间难以协同。银行具体操作人员在核实票据真实性方面面临挑战，票据流通过程中风险相应增大。此外，银行票据经营机构资金来源单一，受各行调配影响，其资金稳定性与不确定性较高，难以实现规模经营。同时，银行票据经营机构资金经营管理水平相对较低，而市场效率受影响。

在产品创新方面，物力和财力的大量投入及人力的长期培养是必要条件。然而，当前绝大多数银行内部票据经营机构分散，人员相对较少，业务营销和办理方面已显疲态，无法实现人力、资源、信息统一整合，导致票据创新效率不高，明显制约市场快速发展。

（四）风险防控能力与经营目标的不匹配，制约市场发展

票据业务因其专业性强、范围广、风险集中以及资金快速周转等特性，适宜进行专业化运营。从国际经验来看，中介机构的存在有利于市场交易和管理，更重要的是，它们有助于活跃市场、提升效率以及保持价格相对稳定。在我国，交易主体主要集中在商业银行。票据的承兑和贴现业务目前仍分散在商业银行各级经营网点，包括鉴别、查询、审查以及到期收款等操作，这些环节多由经营网点的营销、资金和会计

等部门分别负责。随着我国经济步入新常态，GDP增速放缓，产业结构深度调整，由高速转向高质量发展，信用风险逐渐从企业向产业、从下游向上游、从局部向区域蔓延，存在一定的区域性系统性融资风险的隐患。同时，民间资本和民间借贷积极参与各个融资环节，形成了复杂的金融业态，资金链断裂风险逐渐暴露，并向银行业传导，信用风险管控的难度和复杂性进一步提高，从而制约了市场发展。

四、票据融资服务实体经济进一步的发展与思考

（一）发挥省市级政府对票据融资市场引导作用

省市级政府应结合各省份GDP，因地制宜，细化票据承兑与贴现发展目标。在经济发达地区，如北京、上海、深圳、广东、浙江、江苏等，鉴于其较快的发展势头，票据规模可继续保持并提升，与票据发展相对滞后的地区建立挂钩，发挥引领和推动作用，助力欠发达地区的票据业务发展。对于中等发展水平的省份，如湖南，可着力提高票据承兑与贴现的发生额，进而提升承兑发生额和贴现发生额分别占GDP的比重。而在经济发展相对缓慢的地区，如内蒙古、青海、宁夏等，应加速提升票据使用频率，促进经济欠发达区域票据业务的拓展。

（二）推动票据市场持续发展支持实体经济作用

伴随着我国经济步入新时代，金融改革步伐深入推进，票据市场在微观、中观及宏观层面均经历了深刻变革。在微观层面，票据以其较低利率和高流动性优势，有效缓解了中小企业融资困境，越来越多的企业采用票据交易，票据在推动实体经济发展中的作用日益凸显。在中观层面，票据的交易属性使其能够在二级市场进行转贴，有助于商业银行调控信贷规模，获取差价收益，票据在服务商业银行运营方面的作用日益显著。在宏观层面，人民银行通过调整再贴现政策，引导商业银行资金投向，进而更好地支持绿色、中小微企业及“三农”产业发展。为此，我们应坚定不移地推动票据市场持续发展，充分发挥票据在支持经济发展中的作用，为我国高质量经济发展贡献力量。

（三）发挥银票和商票既相互促进又相互补充的作用

鉴于银行信用具备较高的可信度，我国银票在票据市场中的份额较大。然而，商

业票据对票据市场的发展贡献也不可忽视。一方面，需持续发挥现有银票在推动票据市场发展方面的优势，确保银行信用价值稳定，维护票据市场发展大局。另一方面，可通过商票保障、增信及保险等措施，以银行信用推动商业信用发展，不断完善企业信用评级体系，挖掘商业承兑汇票的潜力，更好地发挥商票作用，提高商票在票据市场中的比重，最终发挥银票和商票相互促进的作用。

（四）发挥供应链票据等各种支付结算工具作用

根据票交所新一代票据业务系统实施计划安排，2023年7月前，所有市场成员需完成系统的接入，通过电子商业汇票系统（旧系统）签发票据的票面到期日不晚于2023年12月31日。实现票据可拆分化，这一创新举措为企业带来了显著的便利。一方面，企业能够根据实际支付和结算需求，对票据进行拆分和重新组合，大大提升了票据支付和流转的效率。另一方面，企业可通过贴现或标准化票据融资的方式，以较低的成本实现资金迅速回笼。

开展中小企业票据业务具有重大意义，它能促进上下游企业信用传递，实现宽松货币政策向宽松信用的转化。通过票据轧清，企业能有效管理上下游企业的应收账款、应付账款，激活中小工业企业的应收账款，从而缓解企业在生产发展过程中所面临的资金压力。

（五）防范票据市场可能出现的潜在风险隐患

防范风险的核心是要牢固树立各票据市场参与主体的风险观念。一是各参与主体要摒弃“重盈利，轻风险”“重指标，轻管理”的思想，坚持审慎经营的理念，坚持业务发展与风险管理能力相适应，持续推进精细化管理，降低票据管理风险。二是推动建立票据信用评级，建立企业信用“白名单”，进而控制票据信用风险。三是加大对票据从业人员的专业知识培训和票据最新法规的学习，减少操作风险及合法合规风险。

五、票据融资服务实体经济发展趋势展望

随着我国宏观经济步入新阶段，监管要求不断升级，金融科技逐渐渗透，票据品

种日益丰富，客户需求更加多样化，这些因素也推动了票据业务的发展和市场机制完善，为票据市场在服务实体经济高质量发展方面发挥了至关重要的作用。

（一）市场规模保持稳定增长，经济参与程度持续加深

在票据新规落地实施之后，我国票据市场规模及业务量在短暂的小幅波动后，逐步回升并保持增长态势。票据新规强调，票据业务应回归服务实体经济的核心，商业承兑汇票的规范化发展以及供应链票据的广泛应用为市场带来了更为广阔的前景。随着市场主体的拓展和付款频率的增多，票据市场规模的增长速率有望进一步提升，票据规模占GDP的比重也有望进一步提高，使票据市场与市场主体，特别是中小微企业的日常经营活动联系更为紧密。

（二）基础设施日益完善，票据市场运作效率得到提升

新一代票据业务系统全面上线，业务功能日益丰富，票据流转效率得以提升，为市场参与者提供了覆盖票据全生命周期的业务管理平台。新一代票据业务系统旨在为票据市场的规范、高效、安全发展奠定坚实的机制、法制基础。票据经纪等市场中介机构将迎来发展契机，同时助力企业拓展融资渠道、提升融资效率，降低金融机构间交易成本，提高票据交易效率，提升票据资产整体流动性，进一步拓展市场主体在票据市场的参与广度和深度。

（三）监管要求日益严苛，合规风险管理的重要性日益凸显

票据市场着重强调票据交易关系真实性，明确了对承兑、贴现环节违反相关规定的金融机构及责任人员的行政处罚和责任追究。国家金融监督管理总局成立以来，已对多家机构的票据业务实施行政处罚，其中交易关系真实性是普遍存在的问题。此外，票据新规对银行及财务公司的最高承兑余额、保证金余额规模比例设定了监管上限，后期可能设置承兑余额与贷款余额比例等其他监管指标。金融机构需警惕票据业务过度发展导致触及监管指标红线所带来的合规风险。

（四）利率波动加剧，市场风险管理需求逐步提升

银行类金融机构的票据交易行为受票据信贷属性的影响而趋于相似，期限缩短使

票据资产的周转速度提升。由此，票据利率的波动幅度将显著大于同业存单等货币市场金融工具。票据的交易属性进一步凸显，票据资产组合的久期管理成为影响业务经营效益的关键因素，对市场风险管理提出了更高的要求。

（五）再贴现政策发挥引导作用，精准支持关键领域的发展

央行通过再贴现政策，持续推进金融机构对国民经济关键领域的金融支持，针对小微企业、民营企业、农业领域以及绿色经济等薄弱环节，实施精准滴灌策略。此外，人民银行各分支机构鼓励金融机构加大供应链票据和碳减排票据的贴现力度，为金融机构提供专项再贴现额度。在货币政策的引导下，预计未来金融机构对供应链票据和碳减排票据的支持将显著增强。

（六）创新产品不断问世，消费者需求日益多样化

在对公客户支付结算、流动性管理以及票据投融资服务需求日益增长的背景下，众多金融机构致力于提供多样化的票据产品及金融服务方案，交易银行理念在票据业务中越发受到关注。创新产品如供应链票据和贴现通等得到广泛应用和推广，金融科技在票据领域的应用不断深化，线上支付和融资渠道得以拓展和畅通。科技赋能已成为推动业务发展的行业共识。

总之，在我国票据市场历经近年来的快速发展之后，正逐步走向成熟。未来，在政策支持和市场需求的共同推动下，票据市场将保持稳健发展态势，为实体经济发展提供有力支持。同时，各方市场主体应共同努力，不断优化票据市场环境，挖掘市场潜力，助力我国经济高质量发展。

参考文献

[1] 袁颖涛 . 票据市场发展趋势及商业银行票据业务全流程管理 [J]. 中国货币市场，2023（11）.

[2] 中国人民银行 . 区域金融运行报告 [EB/OL].（2023-11-09）. http://www.pbc.gov.cn/goutongjiaoliu/113456/113469/5127467/index.html.

[3] 谢玉林 . 推动票据业务进一步服务实体经济发展的思考 [EB/OL].（2023-11-13）. https://mp.weixin.qq.com/s/-y_eoizc94bUI8KBmbFH7g.

金融科技
助力数字票据转型

■ 赵琨 [1]

摘　要： 本文主要探讨了数字票据在数字金融领域的重要性，以及金融科技如何为数字票据注入新动力。本文强调了数字票据的优势与特点，如大数据、人工智能、区块链和云计算等技术的应用，以及数字票据如何提升市场公平性和为票据市场带来新机遇。本文还分析了金融科技对数字票据业务的影响，特别是大数据和人工智能技术在其中的作用。

关键词： 金融科技；数字票据；票据市场

数字票据是数字金融的重要组成部分，加强关键数字技术应用并推进数字化转型是票据市场适应数字经济时代的重要举措，不仅有助于提升票据市场的运行效率和风险管理水平，还能推动市场的创新发展，更好地服务实体经济。在当前背景下，加强关键数字技术的应用并推进数字化转型已成为票据市场发展的未来方向。

一、票据数字化的优势与特点

（一）金融科技为数字票据注入新动力

数字票据在票据信息化、数字化的基础上，积极融入了大数据、人工智能、区块

[1] 作者简介：赵琨，现供职于中国农业发展银行山西省分行。

链、云计算等前沿科技，为市场发展注入了强大的创新动力。这些技术的应用使数字票据在业务处理、数据分析、市场交易、业务监管及风险防控等方面都展现出了显著的优势。

第一，数字票据通过大数据技术的运用，实现了对海量票据数据的收集、整合和分析，为市场参与者提供了更准确、全面的市场信息和业务洞察，这有助于市场参与者更好地把握市场动态，作出更加明智的决策。

第二，人工智能技术的应用使数字票据在业务处理方面实现了自动化和智能化。通过智能算法的学习和优化，数字票据能够自动完成一系列复杂的业务操作，大大提高了业务处理的效率和准确性。

第三，区块链技术的引入为数字票据的市场交易提供了更安全、透明和可追溯的交易环境。区块链的去中心化、不可篡改等特性确保了交易的真实性和可信度，有效降低了交易风险。

第四，云计算技术的支持使数字票据能够实现弹性扩展和灵活部署，满足不同规模和需求的业务场景，这使数字票据能够更好地适应市场变化，为票据市场的创新发展提供有力的技术保障。

（二）数字票据提升市场公平性

数字票据作为一种新型的票据产品，其信息透明度达到了一个新的高度。与电子票据相比，数字票据在信息披露方面具有诸多显著优势。

第一，数字票据的信息披露主体更加多样。除票据的基本信息外，数字票据还能够展示更多相关参与者的信息，如发行方、承兑方、担保方等，使市场参与者能够更全面地了解票据的背景和风险情况。

第二，数字票据披露的信息更加完整。通过大数据和人工智能技术的应用，数字票据能够自动整合和分析各类数据，确保披露的信息既详细又全面，有助于市场参与者作出更加准确和明智的决策。

第三，数字票据的披露效率更高。传统的票据信息披露往往依赖人工操作和纸质文档，效率低下且容易出错。数字票据则通过自动化和智能化的处理方式，大大提高了信息披露的速度和准确性。

第四，数字票据的信息披露具有全方位的特点。无论是对于普通投资者还是专业机构，数字票据都能够根据不同的需求和权限，提供个性化的信息披露服务。市场参与者可以根据需要选择查看或购买更多的数据信息，用于日常的分析和决策。

（三）数字票据为票据市场带来新机遇

相较于传统票据数字票据的交易形式有了显著的拓展和创新。除传统的票据交易方式外，数字票据还引入了数据交易和数字票据创新交易等新型交易模式，这些模式的出现为票据市场注入了新的活力。

数据交易作为数字票据交易的重要组成部分，使票据数据成为了一种可交易、可流通的资产。通过数据交易，市场参与者可以更加灵活地利用票据数据进行业务分析和风险评估，为决策提供更加准确和全面的数据支持。同时，数据交易也促进了票据信息的流通和共享，提高了市场的透明度和效率。

数字票据创新交易为市场参与者提供了更加丰富和多样化的交易选择。通过引入新型交易模式和交易策略，数字票据创新交易给市场带来了新的交易机会和价值发现空间。这不仅有助于提升市场的流动性和活跃度，而且为投资者提供了更多的投资选择和风险收益组合。

二、金融科技对数字票据业务的影响

（一）大数据对数字票据业务的影响

大数据技术在数字票据业务中的应用已经渗透各个环节，提升了效率和服务质量，在促进商业银行数字票据服务精准化方面也发挥了关键作用。随着客户财产状况和风险偏好的不断变化，大数据技术能够实时分析用户的个人信息，并将其与银行的产品和服务进行精准匹配。这种个性化的服务模式不仅提高了客户满意度，还有助于银行提升票据业务的管理水平，实现更高效的资源配置和风险管理。

（二）人工智能对数字票据业务的影响

在风险管理方面，银行通过整合来自各种资源的架构化和非结构化票据信息，结合人工智能和机器学习技术，可以实现对关联业务、贸易背景信息和票据本身的深度分析。这不仅能够帮助存托单位顺利完成每一份资产的审批，还能确保流程的自动化、专业化和智能化。此外，利用大数据技术对海量票据市场数据进行采集、处理和分析，银行可以实现全面自动风险管控并进行数据分析整合，对未来的市场趋势进行预测，从而提前做好风险控制。这种基于数据的风险管理方法，使银行能够更加精准地识别潜在风险，并采取相应措施进行防范。

（三）物联网对数字票据业务的影响

物联网技术在商业银行票据业务中的应用正逐渐成为行业的新趋势，通过提高管理的可视化、精准度和效率，银行能享受诸多益处。其中最大的益处就是物联网对银行票据信息的管理。物联网技术为银行票据信息的管理提供了全新的视角，物联网技术使银行能够实时监控票据的状态和流向，大大提高了管理的可视化水平和精准度。

（四）生物识别技术对数字票据的影响

生物识别技术在商业银行票据业务中的应用正成为风险管理和客户身份验证的重要工具。通过利用生物识别技术，商业银行可以建立更加安全和高效的票据数据处理系统，从而提升客户身份识别的准确性，增强资金支付的安全性，降低票据业务风险。

第一，客户身份识别的准确度提升。在传统的票据业务处理中，客户身份验证往往依赖纸质文件、签名和密码等方式，这些方法不仅容易被伪造和冒用，而且处理速度较慢。生物识别技术的引入，如指纹识别、虹膜识别、面部识别等，可以为商业银行提供更加可靠和高效的身份验证手段。生物识别技术可以通过对客户的生物特征进行唯一性识别和验证，确保票据业务处理中的客户身份真实可靠。这种技术的应用可以大幅提高客户身份识别的准确度，减少身份冒用和欺诈行为的发生，保障银行业务的安全性。

第二，资金支付安全性增强。在资金支付环节，生物识别技术也可以发挥重要作用。通过采用生物识别技术进行身份验证，商业银行可以确保只有合法的用户才能进行资金支付操作，有效防止非法访问和资金盗用。此外，生物识别技术还可以与加密技术相结合，对支付过程中的敏感信息进行保护，确保信息不被泄露或篡改。这种双重保障可以显著提高资金支付的安全性，增强客户对商业银行的信任度。

第三，票据业务风险降低。通过运用生物识别技术，商业银行可以更加准确地识别客户身份，降低票据业务中可能出现的风险。例如，在票据承兑、贴现等业务中，通过生物识别技术验证客户身份，可以有效防止假冒身份进行欺诈行为。此外，生物识别技术还可以与大数据分析、机器学习等技术相结合，对票据业务进行智能监控和风险评估，及时发现潜在风险并采取相应措施进行防范。这种风险管理模式可以帮助商业银行更加精准地控制票据业务风险，提高业务运营的稳定性和可靠性。

参考文献

[1] 朱桂平，朱明明，万选，等 . 江西银行：票据数字化探索与经验 [J]. 中国外资，2023（2）.

[2] 肖小和，申西 . 发展数字票据的新思考 [J]. 杭州金融研修学院学报，2022（6）.

[3] 李燕南 . 金融科技对商业银行票据业务的影响研究 [D]. 太原：山西财经大学硕士学位论文，2023.

绿色金融大文章下绿色票据发展探析

■李成青　李沛园　肖师宁[1]

摘　要： 中央金融工作会议提出要做好科技金融、绿色金融等“五篇大文章”，“五篇大文章”指出我国金融新的转型方向，对经济和金融的发展具有深远的意义。绿色金融包括绿色债券、绿色信贷、绿色票据、碳金融等，是连接金融机构、金融产品、环境产业、经济社会等多个方面的重要桥梁，绿色金融是我国实现高质量发展的关键环节，推动我国经济社会发展绿色化、低碳化。我国票据市场巨大，2023年商业汇票承兑发生额31.3万亿元、贴现发生额为23.8万亿元，同时票据兼具支付、结算、融资、交易、投资等功能，对服务经济发展尤其是服务中小微企业具有积极作用；从实践来看，票据交易金额大，若不能有效支持绿色票据的发展，仅靠传统绿色信贷和绿色债券不足以支持我国绿色低碳经济发展。为此，本文总结绿色票据发展存在的问题，进一步探索商业银行发展绿色票据的措施，全力贯彻落实中央金融工作会议精神，为我国绿色票据市场发展提供源动力，写好我国绿色金融大文章。

关键词： 绿色金融；绿色票据；发展；建议

[1] 作者简介：李成青，中国工商银行股份有限公司广东省分行授信审批部高级经理、高级经济师，广州市高层次金融人才；李沛园，广州市第二中学；肖师宁，广州航海学院港口与航运管理学院。

一、引言

2023年底中央金融工作会议提出要做好科技金融、绿色金融等“五篇大文章”，“五篇大文章”代表我国旧金融模式向新金融模式的转变，旧金融模式支持旧的经济发展格局，如房地产行业、基础设施产业、高排放高污染行业等主要由投资拉动的经济模式。而新金融模式则是支持新发展格局的金融模式，“五篇大文章”指出我国新的金融转型方向，对我国经济和金融发展具有十分深远的意义。

中央金融工作会议提出要把更多金融资源用于绿色发展等关键领域，绿色金融是连接金融机构、金融产品、环境产业、经济社会等多个方面的桥梁，是我国实现高质量发展的关键环节，是推动我国经济社会发展绿色化、低碳化的重要举措。

绿色金融包括绿色债券、绿色信贷、绿色票据、绿色基金、绿色保险、碳金融等，做好绿色金融文章，重点是有效发挥金融中介的资金融通和优化资源配置的重要作用，深化金融对实体经济的服务，促进金融从绿色发展角度支持我国高质量发展。票据不仅具有支付结算功能、交易功能，还兼具信用和投融资功能，能够有效打通货币市场与资本市场；票据融资具有便捷性以及成本低廉的特点，契合中小微企业短、频、快的融资特点，是企业频繁使用的主要金融产品之一，对服务经济发展尤其是对支持服务中小微企业具有积极作用，能够较好地解决企业短期频繁的融资需要；同时，通过促使企业应收账款票据化的有效途径，能够加速企业资金流动，特别是2023年票据新规实施以来，票据最长期限调整为半年，更加推动其流转速度加快。肖小和（2023）认为，绿色票据指为气候、环保、资源优化配置等绿色项目开发、绿色企业项目发展、绿色项目产品创新、营运及风险管理提供的各类票据业务产品与服务的总称；绿色票据是由符合规定条件的绿色企业签发或者申请贴现的票据，包括绿色银行承兑汇票、绿色商业承兑汇票和绿色财务公司承兑汇票；绿色票据是在票据法保障下的服务绿色经济发展的主要工具之一。为此，绿色票据的发展能为绿色企业提供更多的融资选择和服务，能够较好地缓解其短期资金压力。通过绿色票据发展能够推动绿色企业商业信用的发展，完善整体的信用体系，绿色票据也能够有效引导社会资金精准地流向绿色企业，提升货币政策的精准性、有效性。

从2020年我国提出“碳达峰、碳中和”目标至今，我国2023年末绿色信贷余额为30.08万亿元，为全世界最大的绿色信贷市场；2023年共发行绿色债券11180.5亿元，连续两年发行规模超过1万亿元，成为世界第二大绿色债券市场。相较于绿色金融中的绿色信贷和绿色票据等板块，绿色票据整体规模不足1万亿元，其发展相对滞后。为此，提升绿色票据支持绿色经济的服务效率尤为迫切，本文通过厘清绿色发展、绿色金融、绿色票据与相关领域的关系，剖析绿色票据发展的重点和难点，探索商业银行绿色票据发展之路，以有效完善我国绿色金融体系，丰富绿色金融工具，以绿色票据进一步推动绿色金融发展。

二、当前绿色票据发展面临的问题

（一）绿色票据标准尚未明确

绿色票据即绿色概念与票据业务的结合，目前国内尚无绿色票据的明确定义和标准，我国绿色票据发展起步于2016年8月颁布《关于构建绿色金融体系的指导意见》，随着2020年“碳达峰、碳中和”目标的提出，绿色票据作为绿色金融产品不断深化和发展的产物，多地金融机构和人民银行分支机构陆续开展绿色票据贴现、再贴现等相关业务的试点实践，如兴业银行开展“绿票通”业务，对于满足《绿色债券支持项目目录》中“节能环保设备制造、清洁能源发电、污染防治、资源回收利用、生态保护”行业的绿色企业办理商业汇票贴现，再由该行向人民银行申请以优惠资金价格进行再贴现的资金融通业务；人民银行深圳市分行开展的“绿票通”业务，是其与深圳经济特区金融学会绿色金融专业委员会设立的再贴现快速通道服务项目，用于支持绿色企业、绿色项目票据融资，打造出国内首份绿色票据“白名单”；人民银行江西省分行于2020年4月发布《绿色票据认定和管理指引》《关于运用再贴现工具支持绿色票据发展的通知》，一方面有效地提升认证标准的统一性和规范性，另一方面给予专项再贴现额度保障绿色票据再贴现。虽然相关机构经过多年的探索研究，取得一定的成效，但我国的绿色票据仍处在初级发展阶段，还存在对绿色票据的界定尚未确定定义概念、未形成统一的认证标准、缺少权威的第三方认证和评估机构进行相关认证等一系列的问题，绿色票据整体的系统研究和顶层设计仍有待完善。

（二）尚未建立绿色票据的统计和信息披露机制

绿色票据作为绿色金融的品种，是绿色金融的重要组成部分。2023年我国票据贴现余额为13.3万亿元，占我国企事业单位贷款的8.47%（我国企事业单位贷款余额为157.07万亿元），票据整体规模较大，但作为主要金融工具的绿色票据没有被纳入绿色金融范畴，目前尚未建立绿色票据的统计和信息披露工作机制，为此在统计绿色金融和披露绿色信息时，可相应分出绿色票据品种进行标识和统计、披露，有利健全绿色金融统计体系，对绿色金融发展意义重大，同时也有助于金融机构有效量化绿色金融的经济效率，优化金融资源的配置作用，探索绿色票据的金融服务方式和路径。

（三）绿色票据尚需纳入绿色信用评价体系

一方面，商业银行作为从事绿色信贷业务的主体，内部绿色信用评价体系是绿色信贷业务的核心竞争力，在办理信贷业务过程中，进行信贷风险分析时一般会对贷款企业进行绿色信用评价，目前大型商业银行已逐步建立起内部绿色信用评价体系，而区域性商业银行受自身经营战略、人才体系、业务侧重点和规模所限，在绿色信用评价方面起步较晚，亟须搭建符合自身特点的内部绿色信用评价体系。特别是票据业务作为兼具结算和投融资功能的产品工具，由于部分商业银行将其作为结算工具对待，加之绿色评价的手续和程序较多，相较于传统信贷业务，绿色信贷业务对银行的综合能力提出的要求更高，因而票据承兑企业的绿色评价分析受到忽视。

另一方面，虽然我国在“十四五”工业绿色发展规划提出建立企业绿色信用等级评定机制，加大评定结果在财政、信贷、试点示范等方面的应用；完善企业信息披露制度，促进企业更好地履行节能节水、减污降碳等社会责任，但该规划并未明确信贷的范围是否包括票据业务，难以有效支持绿色票据发展。

（四）绿色票据发展理念仍需转变

票据市场的高效率运转能够促进国家经济和金融重点战略的落地实施。目前，我国的绿色贷款和绿色债券是绿色金融领域的主要产品，而其他绿色融资产品的市场份额相对较少，造成我国绿色金融种类较为单一，整体结构仍有待优化。同时，绿色金融主要集中在头部商业银行，如2023年末21家主要商业银行绿色信贷余额为27.2万亿元，占全部绿色信贷的90.43%。票据业务是企业短期资金融通的重要组成部分，绿色票据是支持绿色经济发展的重要工具之一，绿色票据发展还能够带动绿色票据的贴现、转贴现、再贴现等相应的融资链条业务发展，与现有的绿色贷款、绿色债券并不冲突。由于在票据业务的整体收益不高，加之大多数商业银行将其作为信贷规模的调整手段，对其重视不足，加之绿色票据业务会相应增加工作量，因此大多商业银行对绿色票据的发展积极性不高。

同时，由于绿色票据目前多处于区域性试点、个别商业银行系统内的试运行阶段，使用范围超出该区域或该银行系统后，在社会的认可度和接受度不高，加之其办理的相关手续较为繁琐，企业使用的意愿不高，社会对绿色票据的使用程度不高，业务理念仍需进一步引导转变。

（五）绿色票据专业人才仍有待加强培养

绿色票据业务环节包括绿色标准认定、票据签发、承兑、背书及贴现等环节，同时需要对企业进行信用风险分析、绿色评估分析，若用于办理资产证券化，还需要进行其他的调查评估手续，业务难度较传统票据有一定程度的增加；同时，绿色票据涉及环节多，需要联动的因素和涉及机构较多，其业务流程、经营模式、内控管理、风险控制、管理模式与传统票据业务有所不同，对商业银行的业务经办人员和管理人员的综合素质提出更高要求。绿色票据专业人才素质的提升能够有效地确保绿色票据的认定和管理，防范绿色票据业务带来的操作风险、合规风险、信用风险和道德风险等，更好地推动商业银行绿色票据发展。

三、绿色票据发展建议

（一）建立绿色票据基本政策框架体系，做好顶层设计

一是主管部门应统一协调绿色票据的顶层设计，对绿色票据认定标准、认定程序进行统一规划和定义，加快《票据法》修订工作，增设绿色票据相关条款，确保绿色票据发展有法可依。

二是厘清绿色票据基本定义及权威认定流程，实现绿色票据标准体系的“国内统一、国际接轨，清晰可执行”；及时更新《绿色产业指导目录》，确保绿色行业有效纳入指导目录，及时指导绿色票据工作。

三是进一步完善目前使用的新一代票据业务系统，在该系统的基础上建立绿色票据认证平台、信息平台及交易平台等基础设施，使绿色票据能够有效适用目前的业务

系统，引导激励各市场主体积极参与绿色经济及可持续发展转型升级。

四是通过绿色票据进一步支持信用体系建设，绿色票据的签发、背书、贴现以及恶意欺诈、无理拒付、拖延支付等全流程电子化信息能够进一步健全企业征信系统，丰富中小企业信用信息库，从而支持加快全国信用体系建设。

（二）加强绿色票据数据体系建设，构建有效的绿色票据评价体系

一是政府相关部门应结合当前绿色信贷数据要求以及票据业务自身的数据特点，制订绿色数据统计内容，加强对重点行业、重点产业集群、重点供应链、重点企业的绿色数据收集统计。

二是加强统计部门的统计质量管理，针对不同行业完善相应的统计路径，避免出现数据断裂，提升绿色票据服务的精准性和有效性。

三是建立电子认证机制，通过外接第三方信息登记，加强与其他金融领域信息标准及基础设施互通互联，实现绿色票据信息、数据共享和不同金融机构之间对绿色票据的互认。

四是加大科技赋能，推广科技金融应用，实现对绿色票据全生命周期的数据信息统一管理，促进绿色票据业务操作、监督管理及定价机制的完善，破解绿色信息不对称难题。

五是对企业的绿色数据持续跟踪纳入金融机构风险控制体系，以此作为企业融资支持、融资定价以及担保方式的决策依据，强化绿色行为的奖惩制度。

六是出台绿色票据考核评价及差别化监管办法，定期对金融机构绿色票据的认定评估工作、发展情况及风险控制管理等方面进行评价和分类，督导金融机构有序有效地开展绿色票据业务。

（三）转变发展观念，调整业务发展策略

一是提高政治站位，绿色票据是我国绿色金融的组成部分，商业银行要有效贯彻中央金融工作会议以及中央经济工作会议精神，做好绿色金融新篇章，要带动绿色票据的发展。绿色票据是支持企业绿色发展、我国绿色经济发展的重要产品之一，企业、产业链、供应链、社会经济的金融需求是多方位、多样性的，商业银行绿色票据发展与绿色信贷、绿色金融发展并不冲突，商业银行要以服务国家战略为导向，以服

务实体和中小微企业为抓手，结合企业、产业链、供应链等需求和相关场景情况以及票据使用特点，为发展绿色票据、助力经济高质量发展作出票据业务的积极贡献。

二是转变发展观念，商业银行要深入贯彻国家发展理念，全力推动绿色票据业务发展，做大绿色票据总量和体量，用好信贷规模持续宽松的政策红利，保持绿色票据业务发展势头，确保绿色票据“进得来”“出得去”，服务好绿色金融大文章和商业银行整体的信贷经营大局。

三是主动作为，商业银行从总行到分行、支行自上而下进一步强调绿色票据发展和营销的重要性，制订绿色票据主题营销活动、劳动竞赛方案并全面实施，通过活动预热和持续的工作活动宣传，营造良好的营销发展氛围，大幅度提升新拓客户业务，有效引导企业使用绿色票据，解决企业间的金融需求；主动帮助绿色企业和绿色产业进行标识，积极办理绿色票据贴现，促进绿色票据更好地发展。

四是主动经营，全力提升绿色票据的经营效益，在优先服务好企业、适应信贷规模的前提下，主动经营，努力提升绿色票据业务在商业银行中的经营贡献。引导信贷资金从高碳的传统产业流向低碳的绿色产业，推动商业银行信贷结构绿色转型，提升商业银行抵御金融风险能力，推动我国货币市场健康均衡发展。

五是主动调整，进一步调整基层行的票据业务人员架构，增设绿色票据营销专岗，强化对支行的营销和业务支持，专岗人员专门跟进绿色票据方案的分支行和跨部门协同，并进一步探索建立绿色票据专营机构、设立绿色票据专营柜台等模式，有效提升效率。

（四）选择重点客群攻坚克难，有效推进绿色票据

一是充分发挥商业银行特别是大型银行的大数据和系统资源优势，指导用好、用活各类获客拓客平台，选择新能源、环保处理等重点绿色行业、重点绿色客群开展精准营销，先行先试。特别要加强对现有的票据大户和票据资源大行的主动资源投入，进一步分析其绿色票据的业务空间，主动积极迎接市场竞争，在原有分支行联动营销的机制上，联动总行、省行直接联动辅导重点目标客户的营销拓展，高效拓展绿色票据业务。

二是继续结合重点客群的融资需求情况，进一步优化银行授信方案和存款工作，通过主动提高授信额度、专用绿色票据额度等方式，优化票据保证金的存款要求，积极主动创造引导优质企业办理绿色票据，确保优质票源，提高信贷质量。

三是加强各类获客拓客平台系统用户的普及和使用培训，建立线上化的绿色票据营销渠道，引导平台精准营销拓户，票据经营部门专人督办营销进度，每周通报，通过管理工具和持续的督办机制，培养使用习惯，进一步增强票源的敏感度，把现有资源利用好。

四是加大业务联动和服务下沉力度，加强对基层网点的赋能，加快绿色票据业务营销向网点延伸，加大营销网络建设，创新绿色票据作业新模式，通过分步实施、以点带面，选择部分支行网点先行先试，从营销下沉逐步向网点直接发起业务流程转变，逐步总结、归纳经验，成熟后再向全系统推广。

（五）强业务基础和队伍建设，多项举措提升业务效率

一是加强业务指导，商业银行要持续加强对基层行的绿色票据营销现状分析和常态化支持，做细、做实管理工作，提升业务效率。通过梳理绿色票据业务流程、更新票据管理手册以及业务操作指引（包括绿色票据评估认定、客户准入、承兑贴现流程等），协助基层行经办人员提升业务处理的效率及能力，有效推动绿色票据业务快速下沉到营销队伍。

二是加强人员培训，提升业务技能和综合素质，持续通过票据精英训练营、送训到支行等加强队伍建设，通过理论加实战的强化培训，持续为支行阵地培育票据产品经理及专家能手，高效服务客户。

参考文献

[1] 谢洁华，姜珊，李成青，等．商业银行有效支持粤港澳大湾区发展研究 [J]. 国际金融，2020（8）: 32–38.

[2] 李成青，陈毓菁，谢洁华，等．我国银行业支持建设全国统一大市场发展研究 [J]. 国际金融，2022（12）: 64–74.

[3] 吴京婷．谢洁华．李成青．推动我国绿色票据标准的实践与探讨 [J]. 票据研究，2022（4）: 101–110.

[4] 李成青，谢洁华．碳达峰碳中和视域下绿色信贷发展面临的挑战与对策 [J]. 广东财经大学学报，2021（增刊）: 30–34.

[5] 王龙芝，李成青，谢洁华．我国央行碳减排支持工具的思考 [J]. 现代金融导刊，2022（5）: 33–37.

商业保理项下商业汇票债权凭证的法律效力研究

■赵慈拉[1]

摘　要：本文认为商业汇票虽然不能成为商业保理的标的资产（光票保理），但可成为商业保理项下具有法律效力的债权凭证。本文将现行商业保理项下商业汇票与基础交易合同、销售发票、应付账款电子凭证等诸项债权凭证应用进行了比较分析。商业保理作为实体经济的一项特殊融资模式，具有逆周期特点，当经济步入下行周期时，企业对保理融资的需求将会增大，在应收账款票据化的发展趋势下，商业汇票因其法律关系明确，确权手续简便，便于保理后融资，并同时享有票据权利和应收账款权的优势，成为保理商在基础交易合同、销售发票、类票据等多项债权凭证中的占优选择。在厘清商业保理与商业汇票的依存关系的基础上，本文还对电子商业汇票在商业保理、银行保理的实际应用及保理后银行贴现、标准化票据发行上提出了监管政策建议。

关键词：商业保理；商业汇票；类票据；债权凭证；应收账款票据化

[1] 作者简介：赵慈拉，中信银行上海分行顾问。本文观点仅系作者个人观点，与所在机构无关。

一、前言

在国内商业保理业界和学界中，对商业汇票能否成为商业保理的标的一直存在争议。持肯定观点者依据最高人民法院的民事判决书，认为商业保理公司享有票据权利[2]；持否定观点者的依据中国银保监会办公厅有关“商业保理企业基于因票据或其他有价证券而产生的付款请求权等开展保理融资业务”的规定，认为商业保理公司不享有票据权利[3]。商业保理业务实践中也存在“先票据后保理”“先保理后票据”“光票保理（或称直接票据保理）”等多种业务模式（陈思远，2018）。本文认为，商业保理的标的资产只能是应收账款，商业汇票不能成为商业保理的标的资产，但可成为商业保理中具有法律效力的债权凭证。商业保理作为实体经济的一项特殊融资模式，具有逆周期特点，当经济步入下行周期时，企业对保理融资的需求将会增大，在当前实体经济应收账款票据化的发展趋势下，商业保理如何合法合规应用商业汇票将显得尤为重要与迫切。

二、商业保理基本概念与债权凭证类型分析

（一）商业保理与应收账款、应收票据的基本概念

商业保理是一项特殊的融资交易，《中华人民共和国民法典》（以下简称《民法典》）第七百六十一条将保理合同定义为“应收账款债权人将现有的或者将有的应收账款转让给保理人，保理人提供资金融通、应收账款管理或者催收、应收账款债务人

---

[2] “国中医药有限责任公司、中信商业保理有限公司票据纠纷二审民事判决书”（最高人民法院〔2015〕民二终字第134号）认为“本案的案由、主要法律关系的性质是票据纠纷，对当事人之间的权利义务关系的认定及相关责任的分配均应从票据法的角度进行衡量。票据作为支付结算的工具，必有其基础交易关系。同时，票据具有无因性，即通过合法方式取得票据的持票人，仅凭票据的文义记载，即可向票据上的付款人主张票据权利，不受票据原因关系的影响”。判决书全文参见 https://wenshu.court.gov.cn/website/wenshu/181107ANFZ0BXSK4/index.html?docId=eX0NdUhOs0Ovc09WWt1yizMOjnIXwAk/rzEE69SM91EYvMbWHuZrbZ/dgBYosE2g+IvLfLELizyQPtsEZyjINsd2OA9ZYXRF91EnhEGaVO3QVnE99h4DhcnggcBiHQDO。

[3]《中国银保监会办公厅关于加强商业保理企业监督管理的通知》（银保监办发〔2019〕205号）第（四）条“商业保理企业不得有以下行为或经营以下业务”之第6项为“基于不合法基础交易合同、寄售合同、权属不清的应收账款、因票据或其他有价证券而产生的付款请求权等开展保理融资业务”，参见 http://www.gov.cn/xinwen/2019-10/31/content_5447282.htm。

付款担保等服务的合同”[4]。《应收账款质押登记办法》规定，应收账款指“权利人因提供一定的货物、服务或设施而获得的要求义务人付款的权利以及依法享有的其他付款请求权，包括现有的和未来的金钱债权，但不包括因票据或其他有价证券而产生的付款请求权，以及法律、行政法规禁止转让的付款请求权”[5]。《民法典》将应收账款分为现有的应收账款和将有的应收账款。依据合同履约状况进行划分，对供应商已履行合同，且发票已开出所形成的应收账款称为现有的应收账款；对“合同项下卖方义务未履行完毕的预期应收账款”[6]称为将有的应收账款。应收票据则是《会计准则》中的概念，指企业持由付款人或收款人签发，记载确定金额，由付款人承诺到期无条件付款的一项债权凭证，也可由持票人以有价证券支付转让给他人。应收票据通常所限商业汇票，商业汇票按承兑人不同分为商业承兑汇票和银行承兑汇票。

法律意义上应收账款是一项基于交易双方主体、商品或服务内容、数量、单价、金融、履行期限等特定要素而产生的权利，表现为“以合同为基础的具有金钱给付内容的债权”[7]。应收票据则为具有法定格式和受《票据法》约束的有价证券。两者的区别在于，应收账款是基于具体交易而形成有因性的金钱债权，为有因性的金钱债权；票据本身并不是应收账款，但却可以成为应收账款的债权凭证，为无因性的债权凭证，因此两者不具有等同性。商业保理作为类金融机构，其经营范围限于受让债权人现有的或将有的应收账款，并对其融资，而不可单纯地以是否买入有价证券而判断是否为保理融资。

（二）债权转让通知的有效性认定

商业保理机构完成保理融资的同时，将相关应收账款债权关系由原来的债权人与债务人转变为保理商与债务人，构成债权的转让行为。《民法典》首次将保理合同以

---

[4]《民法典》于 2020 年 5 月 28 日由第十三届全国人民代表大会第三次会议通过，自 2021 年 1 月 1 日起施行，参见 http://www.gov.cn/xinwen/2020-06/01/content_5516649.htm。

[5] 中国人民银行《应收账款质押登记办法》（中国人民银行令〔2019〕第 4 号），参见 http://www.gov.cn/gongbao/content/2020/content_5477313.htm。

[6] 中国银行业监督管理委员会《商业银行保理业务管理暂行办法》（中国银行业监督管理委员会令 2014 年第 5 号），参见 http://www.gov.cn/gongbao/content/2014/content_2701559.htm。

[7]《应收账款质押登记办法》第二条第二款第（五）项。

有名合同纳入合同编，并规定“债权人可以将债权的全部或者部分转让给第三人……当事人约定金钱债权不得转让的，不得对抗第三人。”“债权人转让债权，未通知债务人的，该转让对债务人不发生效力。”[8]法律明确金钱债权转让无须征得债务人同意，即使当事人约定金钱债权不得转让，但当转让事件发生后，债务人也只可追究债权人的违约行为，而不得对抗第三人。法律同时明确，债权人转让债权，必须通知债务人，否则该转让对债务人不发生效力，即通知债务人为债权转让必须具备的要件。但对于债权转让的通知形式法律并无具体规定，司法实践中一般认为债权转让是当事人处分自己民事权利的一种表现形式，因此，对于债权人通知的形式，认为可以是书面通知，也可以是口头通知或其他形式。《民法典》规定“应收账款债权人就同一应收账款订立多个保理合同，致使多个保理人主张权利的，已经登记的先于未登记的取得应收账款。”[9]《民法典》对此项权利顺位规则明确规定，登记在先者享有优先权，据此，先办理登记的保理人有权请求已接受债务履行的保理人将所得款项返还给自己（刘贵祥，2023）。结合商业保理的监管规制“商业保理公司应在人民银行征信中心的应收账款质押登记公示系统办理应收账款转让登记，将应收账款权属状态予以公示。”[10]因此，商业保理实务中将受让的应收账款在人民银行征信中心的应收账款质押登记公示系统进行登记，视为履行了对债务人的告知义务，一经登记即形成该项应收账款的特定化，排除了他人对该项应收账款的主张权。

（三）债权凭证为商业保理形式要件

《民法典》提到，“保理人向应收账款债务人发出应收账款转让通知的，应当表明保理人身份并附有必要凭证”[11]。该项法条说明了保理商对应收账款债务人享有债权必须持有债务人认可的，且无异议的债权凭证。

债权凭证作为应收账款权利的载体，按照《商业保理术语》[12]定义，指经过应收账

---

[8]《民法典》第五百四十五条、第五百四十六条。

[9]《民法典》第七百六十八条。

[10]《商务部关于商业保理试点实施方案的复函》（商资函〔2012〕919号，2015年修订版），参见 https://www.waizi.org.cn/law/7197.html。

[11]《民法典》第七百六十四条。

[12]中国服务贸易协会标准《商业保理术语》（T/CATIS 001—2020），2020年10月15日发布，2021年1月1日实施，参见 http://www.cfec.org.cn/apps/down/?aid=2172。

款债务人确认，或者经过审判机关、仲裁机构生效的法律文书确认，证明应收账款债权人对债务人享有应收账款债权的证明文件。商业保理实践中，应收账款债权凭证通常体现为（1）应收账款债权人与债务人签订的基础交易合同；（2）债权人开出以债务人为抬头的与基础交易相关的销售发票；（3）债务人签发或背书给债权人的电子商业汇票；（4）债务人签发或转让给债权人的电子债权凭证（或称“供应链应收账款多级流转凭证、应付账款电子凭证”，本文将其统称为类票据）四者之一。

（四）合同债权凭证存在虚假确权风险

应收账款是开展商业保理业务的基础资产。按照《商业保理业务规则》[13]要求，保理商若以应收账款债权人与债务人签订的基础交易合同作为债权证明文件，还须包括物流单据、验收清单等。但在实际操作中，由于存在对交易合同、物流单据、验收清单等债权证明文件难以确权的天然缺陷，应收账款的虚假风险极大。如“成某虚假应收债权诈骗案”中，成某利用其控制的十家公司于2011—2014年伙同他人虚构某分公司应收账款，骗取某资产管理公司、某银行等七家金融机构保理资金累计68.91亿元；某上市公司从某医药公司受让的合计101.89亿元应收账款全部为该医药公司虚构；罗某凭借对知名大公司的应收账款进行公开募资，而作为债务方的两家知名公司则声明对罗某与金融机构签订的融资合同不知情（孔燕，2020）。因此，以基础交易合同作为商业保理的债权凭证，一旦发生当事方内外勾结的道德风险，就会存在虚假确权的法律风险。

（五）发票债权凭证不适合未来应收账款

发票作为债权凭证在传统商业保理应用较为广泛，通常是由应收款方开出以应付款方为抬头的购销（劳务）发票，并在发票上记载债权转让主体和内容，经应付款方同意交由保理商收执。应付款项到期时，保理商凭发票向应付款方索款，应付款方偿付后赎回发票。但在商业保理实务中往往会发生应付款方以应收款方未履行合同为由抗辩保理商，有观点认为债务人不能援引先履行抗辩权或同时履行抗辩权对抗债权人的付款请求权，并应作为商业保理项下应收账款的适格条件之一（陈思远，2018）。

[13] 中国服务贸易协会标准《商业保理业务规则》（T/CATIS 002—2020），2020 年 10 月 15 日发布，2021 年 1 月 1 日实施，参见 http://www.cfec.org.cn/apps/down/?aid=2173。

但发票仅在债权人已履行合同义务的前提下才具备债权凭证的法律属性，司法解释明确“债权人向保理商转让未来的应收账款债权时，债务人对应收账款债权进行确认的，不影响其行使基础合同项下的抗辩权。”[14]即合同或发票作为未来应收账款的债权凭证在法律上存在或然性，当应收款方将其转让给保理商时，即便应付款方对此债务确认同意，但当应付款方在应收账款到期日未履行基础合同时，应付款方仍可以合同关系对保理商行使抗辩权，因此合同或发票仅适合作为现有应收账款的债权凭证，而不适合作为未来应收账款的债权凭证。同时，发票作为应收账款债权凭证存在一个技术性障碍：必须持有债权凭证正本原件，应收款方将发票原件交保理商收执后，应付款方只能自制会计凭证及发票复印件做会计处理，待到期偿付应付款后再赎回发票原件收执，这将使应付款方在未收到正本增值税专用发票时，无法抵扣销项增值税款。

（六）商业保理引入类票据债权凭证

针对实体经济应收账款高企，2015年诞生了“中企云链”“金单”“通宝”“迪链”“云信”“云链”“融信”等类票据凭证。类票据是对各种应用区块链技术搭建在应收账款融资服务平台上，由采购方签发，承诺到期日兑付，并具有可拆分支付、多级流转、可开放式融资的优点，是应收账款电子债权凭证的泛称。应收账款融资服务平台对接了供应链上核心企业和多级供应商，由核心企业签发类票据向供应商支付，以替代原挂账形式的应付账款。持票人凭借核心企业的信用传递，将类票据以货币支付方式进行拆分支付，多级流转。类票据依托区块链、电子签章等技术，记载应收账款债权人、债务人（包括增信方）、债权金额、债权到期日等，并将交易信息（包括基础交易资料、线上化交易数据等）形成债权数据包，以区块链分布式记账方式进行交易数据存储，形成安全、连续、不变的链式数据结构[15]（Ma，2019）。类票据因具有分布式、多节点共识、公开透明、可追溯、不可篡改等显著特征，持票人可向银行保理或商业保理、小额贷款公司等类金融机构或类票据参与方申请融资。类票据以其债务责任确定、无须确权的特点，逐渐成为银行保理、商业保理愿意接受的一项应收账

[14]《天津市高级人民法院关于审理保理合同纠纷案件若干问题的审判委员会纪要（二）》（津高法〔2015〕146号），参见 http://www.cfec.org.cn/view.php?aid=1008。

[15] Jansen Ma.STO 的国内实践探索——应收账款电子凭证的生成及其流转（一）[EB/OL].（2019-12-25）[2022-07-06]. https://www.weiyangx.com/347091.html.

款债权凭证。

类票据基于不同供应链购销交易而产生，其交易规则和章程也因链而异。类票据法律关系侧重于基础交易关系，出票人通常为供应链中的核心企业（采购商），因此默认持票人仅对出票人享有债权，放弃对中间背书人的追索权；普遍约定受《民法典》合同编约束，因此类票据不具有《票据法》效力。财政部为此明确规定企业因销售商品、提供服务等取得的、不属于《票据法》规范票据的“云信”“融信”等数字化应收账款债权凭证，不应当在“应收票据”项目中列示。即企业管理“云信”“融信”等的业务模式以收取合同现金流量为目标的，应当在“应收账款”项目中列示。即保理商受让类票据仅享有对原始债务人的债权，而非票据权利。但也有观点认为，应收账款电子凭证不利于保护债权人利益，当债务人对基础合同存在抗辩、发生贸易纠纷时，债务人可以此为由拒绝支付（卢立伟等，2021）。

三、商业保理引入电子商业汇票为债权凭证的合法性及优势

（一）电子商业汇票债权凭证无须确权

在央行大力推进应收账款票据化进程中，债务人以电子商业汇票作为应收账款债权凭证支付予债权人，债权人持有到期兑付，可以货币形式支付转让或融资。电子商业汇票指出票人依托电子商业汇票系统，以数据电文形式制作，委托付款人（承兑人）在指定日期无条件支付确定金额给收款人或者持票人的票据，依据承兑人的不同分为电子银行承兑汇票和电子商业承兑汇票[16]。电子商业汇票具有真实性、安全性、不可抵赖性和确权关系真实、简单的特点，符合商事外观主义原则，也便于保理后融资，近年来，已成为商业保理中广泛应用的债权凭证。

电子商业汇票作为商业保理债权凭证，按票据交付顺序分为“先票据后保理”和“先保理后票据”。“先票据后保理”也称票据结算保理，指在基础交易关系中，债务人向债权人签发或者转让票据，用于支付应收账款，债权人将应收账款转让给保理商时，同时以该商业汇票作为债权凭证背书转让给保理商。商业汇票到期时，保理商

[16]《电子商业汇票业务管理办法》（中国人民银行令〔2009〕第 2 号）第二条，参见 http://www.pbc.gov.cn/zhifujiesuansi/128525/128535/128626/2865014/index.html。

持票要求承兑人兑付，收回保理融资款；若债务人不愿意债权人将该项应收账款转让给他人，只须在商业汇票上标注“不得转让”，债权人就无法将该项应收账款凭证向保理商叙做保理融资；如果债务人未在商业汇票上标注“不得转让”，则视为债务人允许债权人将该项应收账款转让给他人，应收账款受让方因此成为应收账款方的直接后手。“先票据后保理”中交易方为应收账款债权人和保理商两方，属于“暗保理”模式。“先保理后票据”指在基础交易关系中的债权人与保理商签订保理合同，将其应收账款转让给保理商后，债务人以签发或转让商业汇票直接支付给保理商，票据到期时，保理商持票要求承兑人兑付，收回保理融资款。“先保理后票据”中交易方为应收账款债权人、债务人和保理商三方，属于“明保理”模式。保理融资的特殊点在于保理法律关系不同于一般借款关系。保理融资的第一还款来源是债务人支付应收账款，而非债权人直接归还保理融资款[17]，即保理融资到期时的还款来源可以由债务人对保理商直接支付，也可以由债务人经由债权人支付给保理商；但绝不可以由非债务人直接对保理商还款，若债权人以受让非债务人的票据或以其他资金来源支付到期的保理款，则构成债权人与保理商的借贷关系而非保理融资关系。

保理商愿意接受电子商业汇票为应收账款债权凭证，多是基于票据第一付款人——承兑人的资信，其实质类同于商业保理中的反向保理模式[18]。同时，因电子商业汇票具有真实性的特点，保理商也省去了向票据承兑人确权的繁杂程序和通知债务人的义务。

（二）保理商享有票据权利和应收账款权

会计实务中，应收账款在票据结算后，应当结转应收票据科目。有观点据此认

[17]《天津市高级人民法院关于审理保理合同纠纷案件若干问题的审判委员会纪要（一）》（津高法〔2014〕251号），参见 http://tjfy.tjcourt.gov.cn/article/detail/2015/05/id/1935900.shtml。

[18] 反向保理，指保理商与规模较大、资信较好的买方达成协议，对于为其供货、位于其供应链上的中小企业提供保理业务。实务操作中，保理商首先与资信较好的买方协商，确定由保理商为向买方供货的中小企业提供保理融资，然后保理商与供货的中小企业，或者与供货的中小企业和买方共同签订保理合同。供货的中小企业履行基础合同中的供货义务后，向保理商提示买方承兑的票据，保理商立即提供融资，并进行应收账款管理及账款收取等综合性金融服务。票据到期时，买方直接向保理商支付款项。详见天津市高级人民法院关于审理保理合同纠纷案件若干问题的审判委员会纪要（一）津高法〔2014〕251号，http://tjfy.tjcourt.gov.cn/article/detail/2015/05/id/1935900.shtml。

为，保理商在应收账款项下受让商业汇票后，保理商与债权人的应收账款债权关系即已消亡，转化为票据债权关系。其实不然，通说理论和判例认为，当事人使用票据清偿债务，如未明确约定，应当推定为新债清偿，原因债权并未消灭。旧债务和新债务处于衔接并存的状态；在新债务合法有效并得以履行完毕后，因完成了债务清偿义务，旧债务才归于消灭[19]（最高人民法院民事审判第二庭，2019）。保理商受让商业汇票为应收账款债权凭证后，同时具有与应收账款债权人、债务人的保理合同法律关系和保理商与票据债务人的票据法律关系（茆荣华等，2022）。目前通行的理论和判例认为，当事人如有明确的意思表示，约定交付票据后原因债权消灭的，则构成代物清偿，票据债权成立后，原因债权就消灭，因此债权人只能行使票据债权，不能行使原因债权（谭铮和张健，2022）。若保理合同各方未约定交付票据后原因债权消灭，则当票据到期后未能兑付时，不能视为债务人履行了付款义务。基于意思自治原则，保理商可以选择票据关系主张权利，也可以选择保理合同主张权利（王鑫和顾天翔，2020；茆荣华等，2022）。需要注意的是，"先保理后票据"交易模式中，应收账款债务人与保理商构成票据直接前后手关系，保理商在票据到期未获兑付提起票据追索权的诉讼请求时，应收账款债权人若未履行保理合同标的，"票据债务人可依照票据法第三十条规定，对与其有直接债权债务关系的持票人提出抗辩，人民法院合并审理票据关系和基础关系的，持票人应当提供相应的证据证明已经履行了约定义务"[20]。此时，保理商可能存在因应收账款债权人未履行应收款基础合同而丧失对其直接前手的票据权利。

保理商在票据到期未获兑付选择保理合同主张权利时，应收账款债权人在偿还原因债权的同时，有权要求保理商返还相关的票据。《全国法院民商事审判工作会议纪要》[21]提出为避免讼累，要防止机械适用"不告不理"原则，仅就当事人的诉讼请求进行审理，而应向原告释明变更或者增加诉讼请求，或者向被告释明提出同时履行抗

[19] 最高人民法院"通州建总集团有限公司与内蒙古兴华房地产有限责任公司建设工程施工合同纠纷二审民事判决书"（〔2016〕最高法民终字第 484 号），参见 http://gongbao.court.gov.cn/Details/5ab201999572a8c82ab94668c80c64.html。

[20]《最高人民法院关于审理票据纠纷案件若干问题的规定》（法释〔2000〕32 号）2020 年修正版，参见 http://gongbao.court.gov.cn/Details/ac605f5010c0115a504daa9dca4265.html。

[21]《最高人民法院关于印发〈全国法院民商事审判工作会议纪要〉的通知》（法〔2019〕254 号），https://www.court.gov.cn/zixun-xiangqing-199691.html。

辩，尽可能一次性解决纠纷。根据以上原则，若被告未提起票据返还的诉讼请求或者未提起票据返还的抗辩时，法官可以向被告释明（茆荣华等，2022）。为避免保理商双重获利，应收账款债权人双重受损，当保理商无法返还票据时，应收账款债权人也无须履行原因债权。

（三）光票保理的违法性

在一些地方区域商业保理实务中曾盛行“光票保理”融资模式。“光票保理”又称直接票据保理，即保理商通过互联网票据交易平台或直接向持票人签订《票据应收款转让服务合同》，以单纯货币给付对价方式向电子商业汇票持有人进行融资，票据到期时，保理商向承兑人提示付款收回票款。此类以商业汇票为标的的“光票保理”模式，因不存在商业保理交易所必须体现的三方主体（应付款方、应收款方、保理商）和两个合同（购销合同、保理合同）的形式要件（杨临萍，2015），保理商仅享有对票据付款请求权而不存在实质性的应收账款基础交易，故该类保理融资的违规特征均表现为未按《商业保理业务规则》要求在中国人民银行征信中心“动产融资统一登记系统”对受让的应收账款进行登记。按照中国银保监会的规定，这种行为应当属于“违法违规经营类”[22]；最高人民法院将其定性为“以保理之名，行借贷之实”，应当按照借款合同确定案由并据此确定当事人之间的权利义务（杨临萍，2016），司法实践中则认定其“属于非法贴现，保理合同无效”[23]。

四、商业汇票在商业保理的创新应用与发展前景

（一）应收账款票据化纾解中小微企业占款压力

实体经济应收账款高企，货币周转速度减慢，传统做法是央行增加货币投放，但货币投放是有成本的，货币投放的理论成本是存贷款基准利率之差。增加货币投放的结果是实体经济融资总成本上升。因此，若既要降低供应链各方的资金成本，又不

---

[22]《中国银保监会办公厅关于加强商业保理企业监督管理的通知》（银保监办发〔2019〕205号），http://www.gov.cn/xinwen/2019-10/31/content_5447282.htm。

[23] 深圳市中级人民法院“黄俊明、陈鹏民间借贷纠纷二审民事判决书”（〔2020〕粤03民终16512号），https://wenku.baidu.com/view/e1f51802b007e87101f69e3143323968001cf44d.html。

影响交易各方的资金周转，只有引入信用支付，发展直接金融，借助合适的金融工具和交易机制，用信用支付替代现金货币支付，以此加速企业资金周转速度（赵慈拉，2019）。电子商业汇票具有互联网支付功能，结合最长为六个月的远期信用，形成货币功能。采购方将经资信度高的承兑人（银行机构或企业机构）承兑的电子商业汇票以电子货币形式支付给供应商，供应商受让后将其在供应链中逐级支付转让，使票据支付链中每个背书人的应收应付账款得以转销而降低资产负债率。当票据链末端的中小微企业为支付薪金、纳税、还贷、购汇需货币资金时，也可以与前手的应收账款为标的，以电子商业汇票为债权凭证，借助承兑人的信用传递，向保理商叙做保理融资。

2022年6月，A保理商以签发电子商业汇票的方式受让B公司的应收账款债权，B公司以该商票作为保证措施，向C担保公司申请委托贷款[24]，此类错位交易违反了保理商只可受让应收账款，而不可付出应付账款的行业规制，一旦保理商出票无度，势必导致风险外溢。

《民法典》第七百六十一条规定，保理商可提供“应收账款债务人付款担保”服务。保理商作为信用服务机构，应创建自身信用品牌，发挥信用中介优势，开展信用增信业务。当资信度低的中小微企业作为商品赊销交易中的买方，签发电子商业承兑汇票用于远期付款时，保理商可凭借自身信用为该项票据提供承兑增信，此时，其体现为应收账款债务人提供付款担保的金融服务。

（二）电子商业汇票可成为跨境保理的金融工具

电子商业汇票在满足中国人民银行对跨境人民币业务“可识别、可审核、可报送”的规范条件下，可用于跨境人民币业务项下的支付与融资（中信银行上海分行课题组，2022）。商业保理公司受让跨境贸易项下应收账款时，可以应付款方签发的电票为该项应收账款债权凭证。如国内首笔跨境人民币商业保理业务中，中国国际航空公司以境外机票人民币售卖形成的应收账款向天津安途金信商业保理有限公司转让进行保理融资[25]，此项业务中，中国国际航空公司若以境外代理商签发的电子商业汇票

---

[24] 商业保理专委会．空港保理首笔商业承兑汇票开具成功 [EB/OL]. (2022–06–17) [2022–06–22]. https://mp.weixin.qq.com/s/G22Odv2BAT4iCR5G6uDCiw.

[25] 中国天津自贸区微信公众号．天津自贸试验区实现跨境保理模式新突破 [EB/OL]. (2021–10–20) [2022–06–22]. https://mp.weixin.qq.com/s/usbt_7iBpuOhtu1FsL8QWg?.

作为该项跨境应收账款的债权凭证转让给境内保理商，可简化确权程序。商业保理属于国际收支的经常项目范畴，保理商可将受让的跨境贸易项下应收账款向境外机构或自贸区机构寻求再保理融资，届时，保理商可将该项应收账款债权凭证——电票跨境转让予再保理方的境外机构人民币境内账户（NRA）、境外机构、境内机构自由贸易账户（PT），保理商也可持票选择向境内银行或自贸区银行境内外金融机构自由贸易账户（FTU）申请贴现融资（中信银行上海分行课题组，2022）。

（三）银行电票贴现为商业保理提供再融资

现行监管政策允许保理商向银行机构、非银行金融机构、股东借款，发行债券和再保理等渠道进行融资。保理商可持因债权债务关系所取得的电子商业汇票及"提供用以证明其与直接前手间真实交易关系或债权债务关系的合同、发票等其他材料"[26]向银行机构申请贴现融资。因此，可将银行再保理流程须对基础资产交易穿透式尽调审核的繁冗程序转化为（1）审核保理合同的合规性；（2）审核已支付的保理款；（3）审核已办理应收账款转让登记的保理商；（4）审核保理合同、支付凭证、电子商业汇票记载的三者相关性后，银行机构可在电子商业汇票承兑人或持票人（保理商）的授信额度内予以贴现，在确保交易合规性的同时大大降低了银行和保理商的操作成本。

（四）商业保理可成为标准化票据的原始权益人

人民银行为服务中小企业融资和供应链金融发展在2020年推出标准化票据，标准化票据是存托机构归集核心信用要素相似、期限相近的商业汇票组建基础资产池，以基础资产池产生的现金流为偿付支持而创设的等分化受益凭证。电子商业承兑汇票在供应链或产业链的流转规律，通常由资信度高国有企业、上市企业出票并承兑后支付给收款人（第一背书人），之后流转至第三、第四背书人时基本都是中小微企业，因此在票据链上表现为持票人的融资定价能力逐级减弱、融资利率趋升的态势。中小微企业人工成本占比高，货币性支付需求多而需要持票贴现。2021年末，电子商业承兑

[26]《电子商业汇票业务管理办法》（中国人民银行令〔2009〕第2号）第四十六条，参见 http://www.pbc.gov.cn/zhifujiesuansi/128525/128535/128626/2865014/index.html。

汇票余额为2.16万亿元，其中未贴现余额为1.34万亿元，占比为61.9%[27]。商业银行电子商业承兑汇票贴现利率现已下降至3.5%～4.5%，但第三、第四背书人的持票人因无法知晓给予该电子商业承兑汇票保贴授信的银行，只能在民间票据市场进行有偿转让或向保理商寻求应收账款融资，此时融资利率为7.0%～9.0%。

标准化票据的目标原始持票人正是电子商业承兑汇票的第三、第四背书人中的小微企业，但由于存托机构无法知晓分散的第三、第四背书人，只能从具有同质性的短期融资券发行人中寻找出票人，以收款人为原始持票人归集基础资产票据。处于应付账款源头的出票人和收款人多具有融资定价权，票交所统计显示，截至2021年10月末，标准化票据成功创设58只，金额为61.68亿元，其中基础资产为未贴现票据的有23只，占比为39.7%，金额为15.42亿元，原始持票人平均交易利率为3.06%（宋汉光，2021）。因此，从应付账款源头归集标准化票据基础资产价格低于短期融资券、流动性低于短期融资券，不具投资性，并表现为对短期融资券的挤出效应，但未解决电子商业承兑汇票第三、第四背书人的中小微企业贴现难、贴现贵的难题。

保理商在受让应收账款融资中推广以电子商业汇票为债权凭证，存托机构将其列为标准化票据的主要归集对象（原始持票人），并按承兑人资信等级分类定价，标准化票据利率可设定在银行贴现利率与民间票据市场利率之间，使标准化票据成为货币市场上具有投资价值的短期固定收益率产品。创新中小微企业应收账款—保理融资—标准化票据的集约化归集模式，可降低标准化票据的归集成本，疏通保理商的再融资渠道，有助于纾解中小微企业贴现难、贴现贵的难题，成为实现直接金融目标的路径之一。

资产证券化是商业保理再融资的主要途径之一。据中国服务贸易协会商业保理专业委员会关于企业再融资情况进行的调查，有57家企业于2020年进行了外部融资，从融资规模来看，资产证券化、股东借款/投资和银行流动资金贷款是主要的融资来源，资产证券化融资的占比高达35.34%（深圳市商业保理协会，2022）。为支持商业保理将生产经营过程中形成的应收账款、应付账款（供应链）等债权作为基础资产，发行资产证券化产品，上海证券交易所鼓励和支持商业保理、金融资产管理等企业通过向

[27] 2021年12月商业汇票业务统计数据[EB/OL]. (2022-01-21) [2022-06-07]. http://www.shcpe.com.cn/content/shcpe/research/marketE.html?articleType=research-marketE&articleId=WZ2022012014840881692701818 88.

资产支持专项计划转让其合法持有的存量基础资产发行资产支持证券，将募集资金用于再投资，畅通投融资良性循环[28]。商业保理若以受让的应收账款为基础资产，以电子商业汇票形成的债权凭证交存票交所或具有托管资质的商业银行进行托管，以此发行资产支持证券，将实现在"真实出售、破产隔离"原则下的再融资模式。

五、结论及政策建议

商业保理作为实体经济的一项特殊融资模式，具有逆周期特点，当经济步入下行周期时，企业对保理融资的需求将会增大，尤其是当产业链、供应链应收账款持续增长时，位于资金链末端的众多中小微企业对应收账款的融资需求更为迫切。商业保理更适合在实体经济的"毛细血管"中为的中小微企业提供流动性，纾解中小微企业因应收账款形成的资金压力。

《民法典》规定了保理商受让应收账款债权时必须取得相关债权凭证。商业保理实务中通常采用：（1）应收账款债权人与债务人签订的基础交易合同；（2）债权人开出以债务人为抬头的与基础交易相关的销售发票；（3）债务人签发或背书给债权人的电子商业汇票；（4）债务人签发或转让给债权人的类票据等四者之一为应收账款债权凭证。但以基础交易合同为债权凭证，存在确权难的缺陷，易导致虚假应收账款的风险；发票仅限在债权人已履行合同义务的前提下才具备债权凭证的法律属性，其作为未来应收账款的债权凭证在法律上存在或然性，因此仅适合作为现有应收账款的债权凭证，不适合作为未来应收账款的债权凭证；类票据因基于供应链购销交易而产生，其法律关系侧重于基础交易关系，受《民法典》合同编约束，不具有《票据法》效力。保理商受让类票据仅享有对原始债务人的债权，而非票据权利。当基础合同发生贸易纠纷时，保理商将可能面临原始债务人行使基础合同项下抗辩权的法律风险。

在央行大力推进应收账款票据化的政策引导下，电子商业汇票因其真实性、安全性、不可抵赖性及无须确权性，符合商事外观主义原则，且便于保理后融资等优势，成为保理商在基础交易合同、销售发票、类票据等多项债权凭证中的占优选择，但也

[28] 上海证券交易所《关于进一步发挥资产证券化市场功能支持企业盘活存量资产的通知》（上证函〔2022〕1011号），参见 http://www.sse.com.cn/lawandrules/guide/zqznlc/c/c_20220630_5704906.shtml。

存在“光票保理”和保理商签发应付票据来支付保理融资款的违规做法。法律和司法实践也对商业汇票在商业保理债权凭证的法律效力作出了合法性界定。金融监管部门也亟须在厘清商业保理与商业汇票的依存关系基础上，对电子商业汇票在商业保理、银行保理的应用及保理后的银行贴现、标准化票据发行、应收账款资产证券化制订合规性规范。

参考文献

[1] 陈思远 . 商业保理业务拓展创新的合规性研究 [J]. 金融监管研究，2018(7): 93–109.

[2] 孔燕 . 协同推动应收账款票据化 [J]. 中国金融，2020(6): 48–50.

[3] 卢立伟，徐才伟，邱红 . 适时推进商业承兑汇票征信体系建设探讨 [J]. 征信，2021，39(5): 55–61.

[4] 茆荣华，陈昶，郑天衣，等 . 上海法院类案办案要件指南 [M]. 北京：人民法院出版社，2022：629.

[5] 宋汉光 . 立足新阶段　推动票据市场迈向更高质量发展 [EB/OL]. (2021–12–08) [2022–07–06]. http://www.shcpe.com.cn/content/shcpe/news/events.html?articleType=news–events&articleId=WZ202112081468511464866525184.

[6] 谭铮，张健 . 已将汇票背书转让的债权人不可再主张原因债权——重庆高院判决森麒麟轮胎公司诉力帆乘用车公司买卖合同纠纷案 [N]. 人民法院报，2022–01–13(07).

[7] 王鑫，顾天翔 . 涉上海自贸区商业保理案件的审判实践：理念，现状与路径——基于 472 件商业保理案件的实证分析 [J]. 法律适用，2020(12): 93–103.

[8] 杨临萍 . 当前商事审判工作中的若干具体问题 [J]. 人民司法（应用），2016(4): 26–32.

[9] 赵慈拉 . 应用智能化电票贴现　纾解企业应收账款困局 [J]. 中国货币市场，2019(11): 74–77.

[10] 中信银行上海分行课题组 . 电子商业汇票跨境支付应用场景与路径设计研究 [J]. 上海立信会计金融学院学报，2022，34(1): 57–69.

[11] 深圳市商业保理协会 . 中国保理行业十年发展回顾与展望（完整版）[EB/OL].

(2022-07-07) [2022-09-30]. https://mp.weixin.qq.com/s/aey-9Nqm18ldoZHtZ3da4g.

[12] 最高人民法院民事审判第二庭.《全国法院民商事审判工作会议纪要》理解与适用 [M]. 北京：人民法院出版社，2019：303.

[13] Jansen Ma.STO 的国内实践探索——应收账款电子凭证的生成及其流转（一）[EB/OL]. (2019-12-25) [2022-07-06]. https://www.weiyangx.com/347091.html.

[14] 刘贵祥. 关于金融民商事审判工作中的理念、机制和法律适用问题 [J]. 法律适用，2023 (1).

【组稿启事】

《票据研究》是由中国现代金融学会票据专业委员会、中国工商银行票据营业部和中国银行业协会票据专业委员会主办的出版物，常设特稿、市场分析、前沿研究、工作探讨、法律探微、票据实务、市场动态等栏目，是深入了解中国票据市场现状、发展态势的一个重要平台。欢迎业界专家、教育科研机构学者建言献策、踊跃投稿，共同交流工作经验与研究成果。《票据研究》每季度出版，全年共四辑，由中国金融出版社出版。

投稿电话：021-68087503

投稿邮箱：icbcbill@163.com

订购电话：010-63422154，010-63869310

订购二维码：